W0245065

Pierre Littbarski

LITTI — meine Geschichte

Hoffmann und Campe

Die Deutsche Bibliothek – CIP-Einheitsaufnahme

Littbarski, Pierre:
Litti – meine Geschichte / Pierre Littbarski.
– 1. Aufl. – Hamburg: Hoffmann und Campe, 1994
ISBN 3-455-11037-1

Copyright © 1994 by Hoffmann und Campe Verlag, Hamburg
Schutzumschlag: Werner Rebhuhn, unter Verwendung
eines Fotos von Bongarts
Satz: Dörlemann-Satz, Lemförde
Druck und Bindung: Pustet, Regensburg
Printed in Germany

LITTI – meine Geschichte

Inhalt

Ich spiel' nun mal lieber
mit zehn fröhlichen Menschen zusammen
als mit zehn verbissenen.

Vorwort

Warum schreibt einer mit 34 Jahren seine Biographie?
Da kann doch etwas nicht stimmen! In diesem Alter
bereiten sich andere Menschen normalerweise auf die
Gipfelpunkte ihres Lebens vor, die sie vielleicht mit
vierzig oder noch später erreichen.
Bei Sportlern ist das allerdings anders. Wir starten
unsere Karrieren sehr früh. Noch als halbe Kinder
ziehen wir von den Eltern fort, und der Verein und die
Mannschaft werden zu einer Ersatzfamilie. Sehr früh
müssen wir uns auch der Öffentlichkeit stellen, werden interviewt, und jeder Satz wird genau analysiert
und kommentiert.
In den Jahren zwischen achtzehn und vierunddreißig
hatte ich nicht das Gefühl, daß mir Zeit für eine ruhige
Weiterentwicklung gelassen wurde. Von Beginn an
mußte ich alles geben, immer versuchen, der Beste zu
sein, um nicht abzufallen und in dem mörderischen
Konkurrenzkampf der Fußballwelt zu unterliegen.
Ein Fußballerleben dauert nicht sehr lang. Alles kann
rasend schnell gehen, in alle nur möglichen Richtungen, bergauf, bergab und wieder bergauf. Ein einziges
Spiel kann über viele Jahre entscheiden, einen guten
Vertrag bringen, ein riesiges Gehalt oder auch gar
nichts, den totalen Mißerfolg und das Ausscheiden
aus der Fußballwelt.

Ich habe in den bald zwanzig Jahren, die ich nun Fußball spiele, alles erlebt, was man als Profi erleben kann. Erfolg und Niederlage liegen nicht nur bei einem Spiel hauchdünn nebeneinander: Ein gestrecktes Bein, und der Ball ist im Netz oder landet am Pfosten – über das Weiterkommen im Europacup, in der Meisterschaft, ja sogar über das Größte im Fußball, den Weltmeistertitel, kann so knapp entschieden werden.

In all diesen Jahren, in denen ich Fußball gespielt habe, stand ich mal in einer Weltmeistermannschaft, wurde dann wieder wegen meiner Fehler ausgepfiffen, hockte auf der Bank der Ersatzleute, war verzweifelt, weil man mich nicht einwechselte, und schoß in vielen Spielen das siegbringende Tor. Es fällt mir schwer, mir Situationen auszudenken, die ich *nicht* erlebt hätte.

Nach fünfzehn Jahren Profifußball habe ich das Gefühl, ein ganzes »Fußballeben« hinter mir zu haben. Hier in Japan spiele ich allerdings immer noch in einer Mannschaft, oft zweimal die Woche. Ich genieße die Bewunderung der Fans, und es macht mir Spaß – wie selten zuvor –, über den Rasen zu tricksen. Doch ich bin Realist genug, zu erkennen, daß der größte Teil meiner sportlichen Laufbahn hinter mir liegt.

Meine Zeit als aktiver Fußballer geht langsam dem Ende zu. Vielleicht deshalb mein Bedürfnis, zu erzählen, was ich in diesen Jahren erlebt habe. Von Fußballern sind schon eine Menge Bücher geschrieben worden. Manche sind schulmeisterlich und versuchen dem Leser zu erklären, wie die Welt des Fußballs wirklich aussieht. In einigen stellt sich der Autor als der Größte dar, noch andere sind aggressiv und versuchen, all die Schlechtigkeiten in der Fußballwelt aufzudecken. Mein Ansatz ist ganz einfach: Ich will hier weder Verborgenes noch Geheimes ausplaudern. Ich möchte dem Leser nicht erklären, wie gut ich bin und wie schlecht die anderen sind. Ich erzähle meine persönlichen Erinnerungen und Erlebnisse und nichts anderes.

Ich möchte versuchen, in diesem Buch mein Fußballleben so darzustellen, wie es wirklich war. Sehr oft unterhaltsam, manchmal auch traurig, mit vielen schönen Erlebnissen und Triumphen, aber auch einigen Enttäuschungen, mit Ängsten und Freuden, mit Höhen und Tiefen.

Das Besondere an meinem Leben ist eigentlich, daß es ganz normal ablief. Meine Begabung erlaubte mir eine außerordentliche Karriere vom verspielten Jungen zum umjubelten Fußballstar. Aber im Inneren eines Menschen läuft alles oft viel banaler ab, als man glaubt. Meine Auf und Abs haben mich genauso beschäftigt, wie wahrscheinlich jeden anderen Menschen sein eigenes Schicksal betrifft.

Mein Buch ist keine Anleitung für andere, und mein Leben soll nicht als vorbildhaft erscheinen. Ich wünsche mir, daß die Erinnerungen unterhaltsam sind, daß sie dem Leser Spaß machen, daß er sich mit mir freut über meine Erfolge und sich mit mir ärgert über meine Niederlagen, daß es ihm leid tut, wenn ich verletzt war, und daß er versteht, was das große Glück im Fußball bedeutet.

Mir hat es immer Spaß gemacht, andere Menschen zu unterhalten. Und wenn ich Spaß hatte, konnte ich auch gut spielen. Es hat mir nichts ausgemacht, daß mich manche Mitspieler und auch einige Zeitungen und Magazine als den Mannschaftsclown sahen. Ich spiel' nun mal lieber mit zehn fröhlichen Menschen zusammen als mit zehn verbissenen.

Aber Clowns haben auch immer eine ernste Seite, oft eine richtig melancholische. Deshalb habe ich in diesem Buch nicht nur versucht, mein Leben am Ablauf von sportlichen Ereignissen herunterzuerzählen, sondern auch etwas über meine Gedanken und Überlegungen zu sagen, die hinter den Zahlen und Daten standen.

Mein Weg als Sportler war nicht der geradlinige eines Superstars, in dem schon als Kind alle das künftige Genie sahen, im Gegenteil. Vielleicht kann der Leser meine Karriere als typisch für einen Sportler ansehen, den die Natur eben nicht von Beginn als idealen Fußballer ausgestattet hat. Ich war der Kleinste und hatte krumme Beine, und niemand wollte mich mitspielen lassen. Aber es ging dann doch. So zeigt meine Karriere, daß es auch klappen kann, wenn zu Beginn nicht alles so ideal aussieht.

An dieser Stelle möchte ich mich noch bei allen bedanken, die mir bei diesem Buch geholfen haben. Ich bin weiß Gott kein Autor, und meine Erlebnisse mußten erst von Fachleuten in einen lesbaren Text verwandelt werden. Entschuldigen möchte ich mich auch hier

14

schon bei jenen, die vielleicht beim Lesen des Buches das Gefühl haben, daß sie nicht so gut wegkommen, daß ich sie kritisiere oder ihr Verhalten nicht besonders positiv beschreibe. Aber auch das gehörte zu meiner Karriere. Ich versuche hier ja nicht, mit verschiedenen Menschen abzurechnen, sondern die unerfreulichen Erlebnisse sind halt genauso Teil meiner Laufbahn wie die Glücksgefühle.

Das eigentlich Großartige in meinem Leben als Fußballer ist die unglaubliche sportliche Vielfalt, die ich erleben durfte. Drei Fußballweltmeisterschaften, mehr als siebzig Länderspiele, unzählige internationale Begegnungen in fast allen Ländern der Welt und jetzt, am Ende meiner Karriere, hier in Japan die größte Begeisterung der Fans, die mir je entgegengebracht wurde.

Irgend jemand hat einmal gesagt, Ruhm ohne Leistung ist eine schale Angelegenheit. Leistung ohne Ruhm kann ein sehr schönes und ausgefülltes Leben bedeuten. Ruhm und die ihm entsprechende Leistung, das ist möglicherweise die schönste Kombination, und es gehört sehr viel Glück dazu, sie erleben zu dürfen. Dieses Glück hatte ich, und ich bin sehr froh darüber.

Berliner Luft

Meine erste Mannschaft in der E-Jugend des VfL Schöneberg –
ich auf Linksaußen.

Der Junge am Fenster

Berlin, Wilmersdorf, 1964. Ein kleiner Junge mit buschigen, braunen Haaren und leicht abstehenden Ohren schiebt einen schweren Sessel quer durch das große Wohnzimmer zum Fenster. Jeden Morgen, noch bevor es Frühstück gibt, steht er hier, an das Fensterbrett gelehnt, und beobachtet das Treiben auf einem Platz gegenüber vom Haus. Sein Vater hat ihn hier abgesetzt auf seinem Weg zur Arbeit und wird ihn erst wieder spät abends bei den Großeltern abholen.

Den kleinen Pierre, dessen Mutter eine große Vorliebe für französische Namen hatte, interessierten weder Bauklötze noch Spielzeugautos, und elektrische Eisenbahnen, die ständig im Kreis rumfuhren, langweilten ihn zu Tode. Er hatte nur eine einzige Leidenschaft, und der konnte er in aller Ruhe nur an einem Platz frönen: am Fenster in der Wohnung der Großeltern.

Von dort aus sah er auf ein staubiges, schmutziges Areal, wo vielleicht einmal ein Haus gestanden hatte, das im Krieg zerbombt worden war. Zwischen den glatten Mauern der anderen Häuser gab es eine freie Fläche – und dort spielten ein paar Jungs Fußball. Zwei Tore mit Pfosten aus Stöcken, Tüten, Pullovern – was so gerade da war –, zwei Mannschaften, drei gegen

19

drei, manchmal sechs gegen sechs, manchmal auch nur einer gegen den anderen, je nachdem, wie viele Jungs gerade da waren. Aber gespielt wurde immer, jeden Tag, auch wenn es regnete, auch wenn Schnee lag, von früh am Morgen bis spät in den Abend.

Der kleine Junge, der vom Fenster aus das Spiel beobachtete, kannte jeden von denen, die da unten spielten. Da war der bullige Horst mit den rotblonden Haaren, der immer, wenn er den Ball bekam, sofort drauflosdonnerte. Er hatte so einen harten Schuß, daß er nur irgendwie das Tor treffen mußte – den Ball halten konnte sowieso keiner. Dann war da Klaus, ein dunkelhaariger, wendiger Bursche mit einem Körper aus Gummi, der jedem ausweichen konnte und dem der Ball bis zum gegnerischen Tor am Stiefel klebte. Auch gegen ihn hatte keiner eine Chance. Das waren die beiden besten Spieler. Die vielen anderen, die auch noch mitspielten, waren vor allem dazu da, die Mannschaften aufzufüllen. Das Spiel wurde von Klaus und Horst gemacht, und wenn Pierre ihnen zusah, ging er von seinem Fensterplatz aus immer richtig mit – die Tapete unter dem Fensterbrett zeigte die unübersehbaren Trittspuren seiner Torschüsse.

Doch Zuschauen war die eine Sache, Mitspielen eine andere. Die größte Sehnsucht des Knirpses war, dort unten einmal mitmachen zu dürfen. Einen Nachmittag ging er hinunter, an der Hand seiner Großmutter, stand am Bolzplatzrand und sah zu, warf ihnen auch mal den Ball zurück, wenn der in seine Richtung geflogen war. Und einmal, ein einziges Mal, als er schon alleine auf die Straße durfte, nahm er allen Mut zusammen und fragte die Großen, ob er wohl auch mitspielen dürfe. »Ich kann das alles«, versicherte er ihnen, das Dribbeln, das Schießen, Paß und Kopfball, er würde auch spielen, wo sie wollten – im Tor, in das man doch immer die Neuen stellte oder die, die gar nichts konnten. Er würde auch nur hinten spielen, in der Verteidigung, würde die anderen, die Großen stürmen lassen: »Obwohl«, so sagte er stammelnd vor Aufregung, »wenn ihr mich nur einmal vorne spielen laßt, dann zeig' ich euch, was ich alles kann.« Aber sie lachten ihn nur aus, zeigten voll Verachtung auf ihn und riefen durcheinander: »He, Kleener! Wat willste mit den O-Beenen? Kicken? Hau ab zu Mama!« Dann rannten sie ins Feld zurück und spielten weiter.

So trottete er beschämt zurück nach oben zu seiner Großmutter, und wieder schob er den Sessel durchs Zimmer zum Fenster hin und sah sehnsüchtig hinunter zu den anderen. Abends, als sie alle zusammen beim Essen saßen, der Großvater, seine Eltern und der Onkel, fiel nur seinem Großvater auf, daß mit dem Kleinen etwas nicht in Ordnung war.

»Was ist denn los?« fragte er ihn. »Dauernd bist du so quengelig, giftest jeden an, der dich anspricht. Da stimmt doch was nicht!«

Dem kleinen Jungen kullerten die Tränen über die Backen, und alle sahen ihn verwundert an, weil er selten weinte und ein ausgeglichenes Kind war.

»Sie lassen mich nicht mitspielen!« sagte er mit stokkender Stimme.

»Wer läßt dich nicht mitspielen?« fragte der Großvater
und hob ihn hoch.

»Die da unten auf dem Fußballplatz«. Der kleine Junge
schrie fast und war wütend und traurig zugleich.

Dann mischte sich die Großmutter ein und erzählte,
wie der Pierre den ganzen Tag lang am Fenster stand
und auf die Straße starrte, hinunter auf den Fußballplatz, und wie er einmal versucht hatte, mitzuspielen
und ihn alle ausgelacht hatten.

Der Großvater schmunzelte, strich seinem Enkel über
den Kopf und sagte:

»Wetten, daß sie dich ab morgen mitspielen lassen?«
Doch auch der nächste Morgen lief ab wie jeder andere. Alle Erwachsenen gingen zur Arbeit, Großmutter räumte die Wohnung auf, und der kleine Pierre
stand stumm am Fenster.

Zu Mittag hörte er jemanden die Treppe hochkommen – das war ungewöhnlich um diese Zeit, zu der der
Postbote schon durch war. Den Tag über war er sonst
immer mit Großmutter allein. Es war der Großvater. Er
hatte ein Riesenpaket mitgebracht und reichte es seinem Enkel.

Der riß das Papier ab, fetzte den Karton weg – ein Fußball! Nicht irgendein Ball, ein richtiger Lederfußball.

»So, mein Kleiner«, sagte der Großvater zu ihm, »jetzt
gehst du hinunter zum Platz, stellst dich einfach hin
und fängst mit deinem Ball zu spielen an. Frag' sie bloß
nicht, ob sie dich mitspielen lassen, die müssen von alleine kommen, und glaub' mir, die werden kommen!«
Der kleine Pierre ging runter, überquerte die Straße

und fing an, am Rande des Platzes den neuen Ball auf-
und abspringen zu lassen. Er beachtete die anderen
gar nicht, lief dann zur Hausmauer, die den Platz be-
grenzte, und knallte den Ball dagegen, so daß der
scharf zurückprallte.

Großvater hatte recht. Es dauerte keine drei Minuten,
bis die anderen Jungs, die ihn zu Beginn überhaupt
nicht beachtet hatten, um ihn herumstanden. Sie sahen sich einfach den Ball an, wortlos.

»Wenn du uns den Ball borgst, kannst du meinetwegen
mitspielen«, sagte der große Horst, und Pierre wußte
nicht, was da plötzlich passiert war. Er sah hinauf
zum Fenster. Dort stand der Großvater und nickte ihm
nur zu.

Von diesem Tag an war der Kleine der King auf dem
Platz. Wer hatte denn damals schon einen richtigen
Lederfußball? Jetzt warteten sie schon am Morgen, bis
er endlich runterkam, und abends, wenn ihn seine
Großmutter rief, versuchten sie ihn zu überreden, doch
noch ein wenig dazubleiben. Was hätten sie ohne ihn
tun sollen? Ohne seinen Ball?

Ich habe diese Geschichte schon sehr oft erzählt, aber
sie ist so etwas wie ein Symbol für meine ganze Fußbal-
lerkarriere. So wie damals die Jungs auf dem Wilmers-
dorfer Bolzplatz haben mich später auch andere oft
nicht ernst genommen: wegen meiner Körpergröße,
meiner kurzen, krummen Beine, und weil ich halt
nicht einer von denen war, die sich einfach aufdräng-
ten. Der Ball, durch den ich mich bei den anderen

beliebt machen mußte, dieser Ball verfolgte mich überallhin.

Erst heute in Japan ist das anders, hier habe ich das Gefühl, daß ich kein zusätzliches Geschenk brauche, damit ich akzeptiert werde. Hier sind meine Schüchternheit und meine Zurückhaltung ein Vor- und kein Nachteil wie in Deutschland. Auf dem holprigen Platz in Wilmersdorf setzte ich mich schnell durch. Die mußten bald anerkennen, daß ich zwar klein war, aber viel besser spielte als sie. Im Nebenhaus wohnte ein Mädchen, die war größer und stärker als die meisten Jungs. Regina hieß sie, das weiß ich heute noch. Die hatte einen Schuß, da konnte sich jeder Junge verstecken. Regina war meine wichtigste Trainingspartnerin. Die war einfach nicht zu schlagen und hat mich immer besiegt, obwohl sie ein Mädchen war. Und gegen sie zu verlieren, war das Grausamste überhaupt. Aber wir spielten jeden Tag. Wenn keiner da war, markierten wir zwei Tore und schossen uns gegenseitig ein, stundenlang, und selbst wenn es dunkel war und wir kaum noch den Ball sehen konnten – das war völlig egal, da wurde gespielt, bis die Großmutter zum Essen rief. Die kannte keine Widerrede, auch um die Mittagszeit, wenn alle da waren und ein tolles Spiel ablief, rief sie mich einfach hoch. Ihre Stimme kannte jeder in der Straße.

Mir war das immer sehr peinlich, vor allem, wenn sie mich mitten im Spiel nach Hause beorderte. Jetzt ließen die mich endlich mitspielen – und dann die Groß-

Der Berliner D-Jugendmeister (ich in der ersten Reihe, zweiter von links, hinten rechts unser Betreuer Dietrich von Sobbe).

mutter. Und die anderen lachten dann auch prompt: Der »Kleene« muß wieder nach Hause, hieß es dann, zu seiner Omi. Die anderen gingen, wann sie Lust hatten, keiner hat damals nach ihnen gerufen.

Zu Hause bei den Großeltern

Mein Leben spielte sich damals fast ausschließlich bei den Großeltern ab. Die Eltern hatten zwar eine Wohnung in Schöneberg, mein Vater arbeitete beim Finanzamt, meine Mutter als Sekretärin, aber auch als meine Grundschule wählten sie eine in der Nähe der Großeltern aus, so daß ich bei ihnen die Nachmittage und Abende verbringen konnte. Die Eltern kamen nach der Arbeit dorthin, und wir aßen alle zusammen. Ich hab' das sehr schön in Erinnerung, diese gemeinsamen Abende mit der Familie. Die Urgroßmutter war auch noch da und der Onkel, der Bruder meines Vaters. Der galt bei allen als Lebenskünstler, er hatte meist keine Arbeit, wurde aber mitversorgt. Für mich war's schön, weil er oft daheim war, wenn die anderen ins Büro gegangen waren. Mein Vater und der Onkel spielten beide Jazz, der Vater Trompete und der Onkel Posaune. Die Vorfahren meines Vaters kamen aus Rußland, daher auch der slawische Name. Angeblich konnten die Urgroßeltern auch noch Russisch, aber das lag alles weit zurück. Mittlerweile waren wir eine typische Berliner Familie.

Einige Verwandte lebten im Ostteil der Stadt, und es war jedes Mal ein Horror, wenn wir die besuchen wollten. Ich empfand immer schon Panik vor Polizei und Soldaten, und die DDR-Grenze machte mir angst. Heute denk' ich oft darüber nach, ob ich nicht ein grundsätzliches Problem mit Autoritäten habe – diese übertriebene Vorsicht und auch manchmal ein bißchen viel Respekt. Wenn ich als junger Mann mit dem Auto von Berlin nach Köln fuhr, versuchte ich immer exakt die vorgeschriebene Geschwindigkeit einzuhalten. Ein Verstoß gegen die Vorschriften hätte mir den Schweiß auf die Stirn getrieben, und die Vorstellung, dann von der Polizei gestoppt zu werden, steigerte meine Furcht nur noch. Für mich waren die anderen immer die Stärkeren, und vor allem die in Uniform.

Im Fußballgeschäft bedeutet das, daß ich wohl manchmal gegenüber meinen Trainern und Vereinsmanagern hätte anders auftreten sollen, vor allem in Deutschland, in Japan ist das heute kein Problem. Aber in Deutschland ist dein fußballerisches Talent ebenso wichtig wie dein Talent, dich zu verkaufen und dich den Machern gegenüber klar zu behaupten.

Damals in Berlin setzte ich mich mit meinem Können durch. Auf dem Platz vor unserem Haus gab es bald keinen mehr, der es mit mir aufnehmen konnte. Der Kleine, den die anderen einst am Spielfeldrand hatten stehen lassen, war jetzt umworben, und jeder wollte mit ihm in einer Mannschaft spielen.

Auf dem Platz war ich ein Choleriker, das genaue Gegenteil des zurückhaltenden Pierre außerhalb des Spielfeldes. Eine verpaßte Chance oder ein mißlungener Schuß konnte mich zum Weinen bringen. Ich schrie, tobte, heulte, verkrachte mich mit jedem, weil ich oft zuviel von den anderen erwartete, die mir unterlegen waren. Manchmal, wenn es mir zu blöd wurde und meine Mitspieler schon wieder einen Fehler gemacht hatten, spielte ich allein mit einem Tormann gegen den Rest. Und auch dann gewann ich, ich war bald nicht mehr zu schlagen.

Der löchrige Sandplatz wurde mir langsam zu klein, die Gegner zu schwach, die Mitspieler zu langsam, so kam der Zeitpunkt, an dem der Großvater überlegte, ob ich nicht in einen richtigen Fußballverein gehen sollte.

Im Verein

Ich verbrachte damals auch die Wochenenden bei meinen Großeltern. Großvater war ein fanatischer Anhänger vom Berliner Sportverein 92, und jeden Samstag gingen wir zum Spiel. Wir ließen keins aus. Das Vereinsgelände lag gar nicht weit von der großelterlichen Wohnung entfernt. Großvater kannte jeden Spieler, er erklärte mir genau die Spielzüge, und nicht ein Fehler entging ihm. An einem Samstagvormittag, ich war vielleicht sechs oder sieben Jahre alt, ging er mit mir in den Sportladen, der in unserer Straße lag. Wie oft hatte ich dort vor dem Schaufenster gestanden und die Fußballschuhe bewundert. Die waren der zweitgrößte Traum nach dem Lederball, und wieder griff Großvater ein, um mir den nächsten kleinen Schritt in Richtung Fußballkarriere zu ermöglichen. Wir gingen in den Laden, ich probierte ein paar Schuhe, und keiner paßte mir. Ich war einfach zu klein, meine Füße gingen in die Turnschuhe für Fünfjährige, Fußballschuhe für meine Größe gab es noch nicht.

Doch Großvater ließ nicht locker.

»Dann kaufen wir die kleinsten und ein paar dicke Socken dazu«, sagte er, und das taten wir.

Mit den neuen Schuhen fuhren wir nach Schöneberg. Er parkte seinen Wagen vor dem Vereinshaus des VfL Schöneberg, das war der Fußballverein im Wohnbezirk meiner Eltern.

Ich wunderte mich und fragte ihn, was wir hier sollten,

das sei doch sein Todfeind unter den Fußballvereinen,
warum sollten wir ausgerechnet ein Spiel dieser Mannschaft beobachten. »Du wirst schon sehen«, sagte er
nur, und wir gingen in die Büroräume und nicht auf die
Stehplätze. Da begriff ich erst, was ich hier sollte. Er
meldete mich als Spieler an. Mein erster Fußballverein. Ich wollte mich sofort wieder verdrücken. Alle
anderen Jungs, die dort für eine Anmeldung warteten,
waren mindestens einen Kopf größer als ich. Aber
Großvater ließ meine Ängste nicht gelten.
»Was glaubst du, wofür wir die teuren Schuhe gekauft
haben? Jetzt zeig' denen mal, daß auch die Kleinen toll
spielen können!« Er füllte das Formular aus, ein paar
Tage später bekam ich Hose und Trikot und war von
nun an ein richtiger Vereinsspieler. Gleich nach dem
ersten Training steckten sie mich in die erste Mann-

Die A-Jugend von Hertha Zehlendorf (ich links neben dem Torwart,
Dietrich von Sobbe hintere Reihe, rechts).

29

schaft, ich glaube, in die E-Jugend, und im August 1967, ich war erst sieben Jahre alt, spielte ich zum erstenmal in einem richtigen Meisterschaftsspiel, als Rechtsaußen. Wo der Ball war, war auch ich zu finden. Es war schrecklich, jede Aufstellung oder Taktik erübrigte sich. Ein paar Fotos von damals zeigen die typische Szene: ein Ball in der Mitte des Spielfeldes und rundherum die ganzen Spieler. Jeder rennt hin, als ob's dort was zu essen gäbe.

Auch im Jugendfußball gibt es so etwas wie eine erste und eine zweite Mannschaft, und es bedeutet eine große Auszeichnung, gleich in die erste zu kommen. Ich erinnere mich noch an Sprüche, mit denen die Besseren die Schlechteren bedachten: »Wat, der is nur in der zweeten Mannschaft?« Leistungsdruck entsteht in diesem Alter oft durch die Eltern, weniger durch die Betreuer – der Vater oder der Opa wollen, daß der Kleine gleich Spitze ist und drängen dann oft darauf, daß er in der ersten Mannschaft spielt. Das läuft dann meistens schief.

Der Unterschied zwischen dem Straßenfußball und dem im Verein besteht darin, daß man sich plötzlich in eine richtige Mannschaft einfügen, oft dann auch mit ganz unbekannten Mitspielern zurechtkommen muß – seine Kumpel vom Bolzplatz kannte man ja inzwischen gut. Zum erstenmal spielt man in einem Team, das regelmäßig zusammentrifft, trainiert, gemeinsam auf Reisen geht, bald sogar in fremde Städte, wo man sich auf seine Weise zurechtfinden muß. Das verunsichert einen erstmal, bereitet aber auch aufs spätere Fußballerdasein vor.

Mein größtes Problem war damals meine totale Begeisterung für das Spiel. Ich dribbelte und rannte und kämpfte, bis ich nicht mehr konnte. Dann klappte ich vor lauter Erschöpfung zusammen. Da ich kleiner war als die meisten, hatte ich weniger Kraft. Jeder Zweikampf kostete mich mehr Energie als die anderen. Und oft versuchten sie, mit Gewalt zu erreichen, wo sie technisch nicht mithalten konnten – ich bekam manchmal ganz schön was ab. Aber ich setzte mich durch. Nicht ein Training ließ ich aus, kein Spiel und keine Meisterschaftsrunde durften ohne mich ablaufen. Wenn ich heute zurückdenke, erschreckt mich dieser Fanatismus ein wenig. Es gab ja nichts für mich außer Fußball. Wichtig war wieder die Unterstützung meines Opas. Obwohl er jahrelang eiserner Anhänger vom BSV 92 war und mein jetziger Verein deren härtester Gegner im Kampf um die Berliner Meisterschaft, wechselte er sogar die Fronten und unterstützte von nun an den VfL Schöneberg.

Ich hätte ja eigentlich gleich zu seinem Verein gehen können, aber Großvater dachte damals, ich sollte lieber in der Umgebung der Wohnung meiner Eltern spielen. Das war zwar gut gemeint, hatte jedoch wenig Auswirkungen, weil sich meine Eltern scheiden ließen, ich zwar bei meiner Mutter blieb, aber jetzt noch mehr bei den Großeltern lebte.

Fußball gegen Schule

Mit der wachsenden Fußballbegeisterung in der Familie interessierte sich auch meine Oma immer mehr für meinen Sport. Am Anfang fragte sie jedes Mal, wenn ich von einem Spiel nach Hause kam, wie es gelaufen sei. Später saß sie am Radio und wartete auf die Ergebnisse. Und noch viele Jahre danach, als mein Großvater schon lange tot war, hat sie kein Länderspiel ausgelassen und immer gefragt, wie's gerade in der Meisterschaft stand.

Meine Eltern reagierten eher gleichgültig auf meine fußballerischen Erfolge – sie hatten nichts dagegen, förderten mich aber auch nicht. Auch später, als ich längst in Köln spielte, war es immer die Oma, die anrief nach einem Spiel, mir gratulierte oder versuchte, mich aufzurichten, wenn es nicht so gut gelaufen war. Noch heute, von Japan aus, rufe ich sie oft in der Heimat an und erzähle ihr, was ich erlebt habe.

Damals, 1967, als ich mit sieben Jahren das erste Mal ein Spielertrikot trug, wagte ich von einer Karriere als Fußballer nicht einmal zu träumen. Doch der runde Ball bestimmte schon sehr früh mein ganzes Leben. Schule war für mich gleichbedeutend mit Schulmannschaft. Den Nachmittag verbrachte ich entweder im Verein oder auf dem Platz vor der Wohnung der Großeltern, das Wochenende mit Großvater auf den Fußballplätzen. Es gab nichts anderes, keine Hobbys, keine Interessen, keine anderen Spiele. Und ich wurde besser und besser. Im zweiten Jahr meiner Vereinszugehörigkeit wurden wir Berliner Meister, und ich spielte in der Berliner Auswahl.

Ich war von Anfang an ein Dribbelkönig, aber auch Torjäger, bei Freistößen war ich ebenfalls gefährlich, viele verwandelte ich aus großer Entfernung. Ich versuchte immer das Unmögliche, Torschüsse aus spitzem Winkel, aus dem kein Tor möglich schien, noch einen Haken, obwohl mich drei Gegner umringten, und noch ein Schuß, auch wenn ich schon halb am Boden lag. Oft ging es gut, dann feierten sie mich als den großen Helden. Aber öfter ging es nicht gut aus, und dann war der Trainer nicht sonderlich begeistert. Schon in meinen ersten Jahren als Fußballspieler suchte ich nach ungewöhnlichen Lösungen, das geradlinige, logische, schachbrettartige Spiel war nicht unbedingt meine Stärke. Ich war nicht so schnell wie die anderen und auch nicht so antrittsstark, ich mußte mich mit meinen spielerischen Mitteln durchsetzen.

Das sind Eigenschaften, die heute immer weniger gefragt sind. Die athletische Entwicklung, das Tempo im modernen Fußball läßt kaum noch Raum für Individualisten wie mich. Später lernte ich, mich in eine schnell spielende Mannschaft einzuordnen, und in den letzten Jahren in Köln wurde ich sogar Spielmacher. Aber mein Herz gehört dem trickreichen, verspielten Fußball, in dem jede Überraschung möglich ist und wo aus den aussichtslosesten Situationen heraus noch ein Tor gelingt.

In meiner zweiten Saison schoß ich schon mehr Tore als alle anderen und wurde Torschützenkönig der Jugendmannschaften in Berlin. Schon 1974, bei der Berliner C-Jugendmeisterschaft, die wir, genauso wie den Pokal, gewannen, dichtete einer aus dem Verein über mich: »Als Sturmspitze hat er's schwer, ja, unser flinker kleiner Peer/Drei Gegner ihn dann meist umzingeln, die er dann narrt, es ist zum Kringeln«. Auch wenn es ein wenig nach dem Schema »Reim-dich-oder-ich-freß-dich« formuliert ist – da hat einer schon sehr früh etwas für mich Typisches vorausgesehen. Und wieder waren es meine Großeltern, die sich so freuten, als hätte der Enkelsohn ein gutes Zeugnis nach Hause gebracht. Meine Noten waren allerdings eher durchschnittlich. Die ganze Schule interessierte mich überhaupt nicht. Aber auch meine Eltern und meine Großeltern legten keinen besonderen Wert auf gute Zensuren.

Für meinen Vater war es ganz selbstverständlich, daß ich nach der Schule ebenfalls zum Finanzamt gehen würde. Und meine Mutter hatte genügend eigene Sorgen, sie lebte seit der Scheidung allein und ging jeden Tag arbeiten. Sie war froh, daß ich meinen Spaß mit dem Fußball hatte und nicht auf dumme Gedanken kam.

Als ich sechzehn Jahre alt war, kam es zur nächsten einschneidenden sportlichen Veränderung. In diesem Alter ist der Betreuer der Jugendmannschaft ganz enorm wichtig. Hat man einen guten erwischt, ist das ein Glücksfall, der die ganze weitere Laufbahn bestimmen kann. Der Jugendbetreuer trägt eine große Verantwortung: Er muß oft zugleich fürsorgliche Mutter und strenger Vater sein und auch fußballerisch ein Vorbild. Er muß in der Lage sein, den oft noch regelrecht kindlichen Spieler zu verstehen, ihm Mut machen und ihm, vor allem, wenn der Junge talentiert ist, Geduld beibringen, damit er seine Fähigkeiten nicht zu früh selbst zerstört. Wenn einer diese Arbeit von der menschlich-psychologischen Seite nicht packt, sollte er nie Jugendtrainer werden – er kann sehr viel kaputtmachen, vor allem den Jugendlichen den Spaß am Spiel nehmen.

Mit Dietrich von Sobbe hatte ich einen hervorragenden Betreuer, der mir nicht nur anfangs zeigte, wie man die Fußballschuhe richtig schnürt und mir stets ein frischgewaschenes Trikot hinlegte, sondern mir auch an einem Wendepunkt meines Fußballerlebens genau das Richtige riet. Er nahm mich eines Tages nach einem Spiel beiseite und fragte mich ganz harmlos, was ich denn in den nächsten Jahren so mit dem Fußballspielen vorhätte. Was sollte ich ihm antworten? Ich war sechzehn, sah aus wie vierzehn, und außerhalb des Spielfeldes sprach ich kaum ein Wort. Er wollte mit den besten Spielern zu Hertha Zehlendorf wechseln und schlug mir vor mitzukommen. Ich saß vor ihm und wußte nicht, ob er mich meinte. Was war da zu überlegen! Gerüchte hatte es immer wieder gegeben, daß andere Vereine an mir interessiert seien, aber nie hatte mich jemand angesprochen.

Ich wechselte also mit fünf anderen zur »kleinen« Hertha, und wir kamen in eine richtige A-Jugend-Mannschaft. Hertha Zehlendorf galt in Berlin als der beste

Jugendverein, die hatten hervorragende Trainingsanlagen, sehr gute Betreuer, und man hat sich richtig um uns gekümmert. Dieser Vereinswechsel hatte natürlich auch seine materiellen Reize – aber wie klein waren die im Vergleich zu dem, was man heute so hört. Wir erhielten zum Beispiel Fahrgeld und richtige Fußballschuhe sowie einen eigenen Trainingsanzug mit dem Vereinsnamen drauf. Ich weiß noch, wie stolz ich war, als ich den das erste Mal trug, ich wollte ihn gar nicht mehr ausziehen und damit sogar nach Hause fahren. Dazu erhielten wir noch eine blaue Sporttasche, und niemand kann sich vorstellen, mit welch stolzgeschwellter Brust wir dieses Zeichen unseres Erfolges durch die Straßen unseres Wohnviertels trugen. Irgendwelche weiteren finanziellen Zuwendungen, zum Beispiel Prämien für Siege oder Meisterschaft, gab's nicht.

Wenn heutzutage wirklich schon bei Jugendspielern mit einem Prämiensystem gearbeitet wird, sehe ich darin eine Katastrophe: Kinder mit Geldzuwendungen zum Spielen zu motivieren halte ich für ein Armutszeugnis, das beweist, wie wenig die Leute, die da am Werke sind, von den Gefühlen eines Heranwachsenden verstehen. Allerdings ist auch bei den erwachsenen Spielern Geld immer die einfachste Methode, sich durchzusetzen – das erspart alle Argumente und jedes Wort, das man sich im vorhinein gut überlegen müßte. Ich glaube, nach dem Wechsel zu Hertha Zehlendorf dachte ich zum erstenmal an eine Profilaufbahn – natürlich nicht an den 1. FC Köln, die Bundesliga oder etwa die Nationalmannschaft. Das lag außer Reichweite. Aber so ganz in mir drin begann ich zu hoffen, daß mich eine Mannschaft als Lizenzspieler aufnehmen würde, vielleicht sogar eine aus der 2. Liga. Ich kam damals mit der Schule nicht mehr sonderlich gut zurecht. Das Gymnasium forderte doch mehr, als ich geben konnte. Die Nachmittage wollte ich nicht mit Lernen oder Hausaufgaben vergeuden. Ich kam nach Hause, kritzelte schnell die Aufgaben runter, meist war ich schon nicht mehr ganz bei der Sache, und sofort ging's ab mit dem Fahrrad zum Training.

Das Training mit Jugendspielern lief damals völlig anders als heute: Es ging immer um die Lust am Spielen, kaum eine Trainingseinheit geschah ohne Ball. Wenn ich heute sehe, wie die Jungen eine Runde nach der anderen rennen müssen, dann zwar rein körperlich gesehen topfit sind, aber nicht mehr wissen, was sie mit dem Ball anfangen sollen, dann packt mich das kalte Grausen. Das kann für den Fußball nicht gut sein. Schuld sind daran leider meist die Trainer, die nicht die Intuition, das menschliche Format und die Fähigkeiten besitzen wie zum Beispiel früher Hennes Weisweiler, dem ich bald in Köln begegnen sollte.

Selbstverständlich kostet es Zeit und Geduld, sich bei jedem einzelnen Spieler sorgfältig die Ballannahme und –führung anzuschauen und das dann zu verbessern. Man muß einfach sehr viel über den Sport wissen und sich Zeit nehmen. Kraft- und Konditionstraining zu veranstalten ist natürlich am einfachsten: Du läßt die Spieler springen, hüpfen, wieder springen, rennen – immer schön in der großen Gruppe – und stehst als Feldherr daneben und gibst deine Befehle. Fußball ist und bleibt für mich ein Spiel – und solche Trainergestalten, ich hab' sie später selbst kennengelernt, verderben das Spiel. Heute zeigen uns oft die Spieler und Mannschaften aus Afrika oder Asien, die sich ihre natürliche Spielfreude bewahrt haben, wie man's richtig macht. Und wenn bei denen noch Schnelligkeit und Taktik hinzukommen, werden sie auch bei großen Turnieren gewinnen.

Zurück in die Jugend und zu ihren Problemen. Ich bin nicht der Typ, der sich bei einer Doppelbelastung wie Schule und Sport behauptet. Am liebsten konzentriere ich mich auf eine Sache und vergesse alles andere. Meine schlechten Leistungen in der Schule haben mich deprimiert, es war nicht angenehm, immer der Schlechteste in der Klasse zu sein. Meine Lehrer versuchten es dann mit gutgemeinten Sprüchen: Ich solle mir doch überlegen, ob ich wegen diesem bißchen Gekicke meine ganze Zukunft aufs Spiel setzen wolle. Für die bedeutete Zukunft ein gutes Zeugnis und ein vernünftiger Schulabschluß. Mir war das nicht so wichtig, aber ein Versager zu sein, das gefiel mir auch nicht. Schon vor Abschluß meiner Zeit auf dem Gymnasium hatte ich beim Finanzamt einen Ausbildungsplatz in Aussicht. »Jetzt hast du wenigstens eine sichere Zukunft, und den Fußball brauchst du auch nicht aufgeben«, so dachte ich damals. Die Beamtenlaufbahn war für diese Kombination ideal. Das Training ließ sich gut mit dem Dienst vereinbaren, und für Spiele, die außerhalb Berlins stattfanden, konnte ich einen freien Tag nehmen. Meine Pläne waren völlig auf Berlin bezogen, dort sah ich meine Fußballzukunft.

Als ich meinen 17. Geburtstag feierte, hatte ich allerdings den großen Traum Profikarriere schon fast aufgegeben. Hertha BSC, die einzige bedeutende Mannschaft in Berlin, wollte mich nicht. Wieder bekam ich vom Trainer die mir schon gut bekannten Einwände zu hören: Ich sei zu klein, zu schwach und könne mich auf dem Spielfeld nicht durchsetzen.

In Berlin gab es damals, außerhalb von Hertha BSC, kaum Möglichkeiten, am wirklich großen Fußball teilzuhaben. Keine bekannten Spieler oder Trainer, alles war Durchschnitt, Oberliganiveau. Einzige Ausnahme war die Fußball-WM 1974, wo ich zumindest als Balljunge teilnehmen durfte. Chile gegen die DDR: Ich weiß noch, wie ich vor dem Spiel und in der Halbzeit auf dem Rasen saß und die Spieler ganz aus der Nähe beobachten durfte, die für mich wie kleine Götter waren und mich etwas von der Atmosphäre spüren ließen, die meine Vorbilder umgab: Das waren damals Alan Simonsen, Kevin Keegan und natürlich Johan Cruyff. Jede Bewegung versuchte ich mir einzuprägen, jeden Trick und jeden Haken probierte ich sofort im ersten Training danach aus. Aber nach der WM kehrte wieder die Berliner Fußballprovinz ein.

Ich war immer schon Pragmatiker, auch als Jugendlicher, und konnte mich sehr schnell in eine Situation hineinfinden. Jetzt war ich eben angehender Finanzbeamter mit einem Ausbildungsgeld von 250 Mark im

Monat und einem Stammplatz in einer der besten Jugendmannschaften. So sollte es sein, dachte ich damals und versuchte mir auch einzureden, daß dieser Erfolg gar nicht so schlecht sei, wo sie mich doch als Kleinen nicht einmal hatten mitspielen lassen.

Frühe Bindung

Ich war damals schon mit Monika befreundet, meiner späteren Frau. Wir haben uns bereits als Jugendliche kennengelernt, sie war fünfzehn, ich sechzehn. Die diversen Feten von Freunden und Bekannten und die Nächte in der Disco haben mich nie interessiert, nicht einmal, als ich ein Teenager war. Aber wie der Zufall so spielt: Der Freund, den meine Mutter nach der Scheidung hatte, hatte einen Sohn, der häufiger große Feiern organisierte. Einmal half ich ihm beim Schmükken, und unter den ersten Gästen, die zu der Fete kamen, war auch Monika.

Ich blieb nur kurz, weil ich zum Training mußte, tauchte aber dann wieder auf. Und wieder spielte, wie so oft in meinem Leben, der Zufall mit: Kaum war ich wieder da, bat mich der Typ, der die Feier veranstaltet hatte, zwei Mädchen nach Hause zu begleiten. Sie wollten nicht allein gehen, und keiner der anderen Jungs hatte Lust, jetzt bereits das Fest zu verlassen.

Also brachte ich sie nach Hause, die beiden, und eine von ihnen war wieder Monika. Sie war zurückhaltend, hatte lockige blonde Haare und ging am liebsten ins

Kurz vor dem Wechsel nach Köln: Monika und ich.

Kino. Feten haben auch sie nicht sonderlich interessiert. Eine Woche später trafen wir uns wieder und gingen gemeinsam in einen Film. Ich weiß es noch genau, es war »Silent Movie« mit Mel Brooks.

Ihr Vater war ein Fußballfanatiker wie mein Großvater. Er spielte selbst in der Amateurliga, hatte volles Verständnis für meine Pläne und legte uns auch bei unserer weiteren Lebensplanung nie Steine in den Weg. Monika war damals sehr wichtig für mich, und ich glaube, ohne sie wäre ich nicht von Berlin weggegangen.

Noch als ich in Berlin lebte, habe ich immer häufiger bei meinen Schwiegereltern übernachtet, sehr zum

Ärger meiner Mutter, die hätte mich lieber bei sich zu Hause gehabt. Damals entwickelte sich ein sehr enges Verhältnis zu meinen Schwiegereltern, die mich wie einen eigenen Sohn aufnahmen. Bei ihnen gab es jedes Verständnis für alles, was mit Fußball zu tun hatte, und so fühlten wir uns bald wie eine große Familie.

Später haben mir manche Freunde vorgehalten, ich hätte mich zu früh gebunden und mein Junggesellenleben nicht so richtig ausgekostet. Ich hab' das nie so empfunden, mir fehlte einfach nichts. Ich hatte den Fußball, eine wunderbare Freundin und noch eine neue Familie dazu. Mein Großvater war inzwischen gestorben, meine Eltern geschieden, wo hätte ich hin sollen? Jeden Abend in die Disco? Mich besaufen wie die anderen in meinem Alter?

Ich war schon als Heranwachsender ein Einzelgänger – aber nicht, weil ich kontaktscheu war oder lieber allein sein wollte. Ich tat mich einfach schwer mit den Vergnügungen der Jungs in meinem Alter. Ich ging zwar auch ganz gern ins Kino, saß aber am liebsten abends zu Hause bei den Eltern meiner Freundin, unterhielt mich über Fußball oder sah mir mit ihnen gemeinsam ein Spiel im Fernsehen an. Das genügte mir. Den eigentlichen Spaß, das große Vergnügen, von dem die anderen immer sprachen, brachte mir der Fußball. Meinen männlichen Kollegen im Finanzamt war ich oft zu langweilig, die hatten damals anderes im Sinn, als zu Hause zu hocken.

Mag sein, daß durch diese frühe Bindung und das Wandern vom warmen Ofen meiner Großeltern zu dem bei meinen Schwiegereltern die großen Abenteuer der Jugend an mir vorbeigingen. Aber ich konnte mich nicht zu etwas zwingen, nur um den anderen zu demonstrieren, daß ich genauso war wie sie. Mir war immer mein eigener Weg wichtiger als das tolle Erlebnis in der Gruppe.

So entwickelte ich mich sehr früh zum Außenseiter, weil mich vieles, was andere vielleicht als super bezeichneten, nicht interessierte. Es gab halt nur Familie und Fußball, alles andere hatte keine Bedeutung.

Mit dem Fußball ging's jedoch aufwärts. Hertha Zehlendorf war die ideale Mannschaft für mich im Alter zwischen sechzehn und achtzehn: gute Spieler aus ganz Berlin in einem Verein, der exzellente Jugendarbeit leistete. Wir hatten hervorragende Trainingsbedingungen: Auf dem Vereinsgelände lagen viele Plätze nebeneinander, und so war immer einer frei, auf dem wir spielen konnten. Und wenn mal alle besetzt waren, schoben wir die fahrbare Holzwand raus und übten Freistöße. Das schönste für einen Jugendspieler ist immer ein Rasenplatz mit einem richtigen Tor und richtigen Tornetzen. Wenn das Training erst um sechs Uhr begann, konnten wir schon um vier kommen und aufs Tor bolzen – da war nie ein Platzwart, der uns verscheucht hätte. Wir konnten spielen, so oft und so lange wir wollten. Alles zusammen machte sich bezahlt, wir mischten bei der deutschen A-Jugendmeisterschaft immer vorne mit.

Von Berlin nach Köln

Zum entscheidenden Spieljahr für meine Zukunft entwickelte sich die Saison 1977/78. Meine Technik wurde immer besser, mein Egoismus auf dem Platz nahm ab, und ich begriff auch langsam, daß man ohne gute Teamarbeit mit der besten Dribbelkunst nichts gewinnen konnte. In dieser Saison schoß ich auch wieder die meisten Tore, und wenn wir in Hamburg oder sonstwo in der Bundesrepublik spielten, hoffte doch jeder von uns insgeheim, von einem Spielbeobachter von einer der großen Mannschaften entdeckt zu werden. Wir rannten wie die Verrückten, mobilisierten all unsere Kräfte, und wenn auf der Betreuerbank der gegnerischen Mannschaft plötzlich ein paar kritisch dreinblickende, schon etwas älter aussehende Herren auftauchten, versuchten wir, noch mehr zu zeigen.

1978 standen wir im Endspiel um die deutsche A-Jugend-Meisterschaft gegen den MSV Duisburg. Das Spiel wurde sogar im Fernsehen übertragen, und ich wollte mit meiner Mannschaft unbedingt gewinnen. Ich schoß auch zwei Tore, das Spiel verloren wir trotzdem. Ein Tor hat mich damals bekannt gemacht, und ich galt als der eigentliche Matchwinner, es war ein Treffer, wie er heute nur noch selten erzielt wird: Ich umdribbelte vier Gegenspieler und schob dann unhaltbar ein. Ich habe noch jetzt den Applaus im Ohr und weiß, wie der mich antrieb, noch besser zu spielen, noch mehr zu geben. Aber es half alles nichts, wir verloren, und ich saß auf dem Rasen und heulte vor Enttäuschung und Wut. Ich fühlte mich ohnmächtig und verstand die Welt nicht mehr: Ich hatte super gespielt, das spektakulärste Tor meiner bisherigen Laufbahn geschossen, und doch war alles umsonst gewesen. Ich glaube, damals empfand ich zum erstenmal die Abhängigkeit von der Mannschaftsleistung: Du kannst dich zerreißen – wenn die anderen nicht mitziehen wollen oder können, nützt dir selbst das Spiel deines Lebens nichts. Du bist einfach weg, ausgeschieden und vergessen.

Schon in der Zwischenrunde war es zum schicksalsträchtigen Spiel gegen die A-Jugend des 1. FC Köln gekommen. Die anderen waren klarer Favorit, verglichen mit denen stammten wir Berliner aus einem Fußballentwicklungsland. Ohne an so etwas wie Zukunft zu denken, kämpfte ich damals auf dem Spielfeld wie ein Löwe. Es gab nur zwei Spieler, die wirklich herausragende Fähigkeiten hatten – Stefan Engels und ich. Und dann geschah, was vielleicht manche als Glück bezeichnen, andere als Schicksal, aber es sind eben diese Momente im Leben, in denen sich plötzlich alles entscheidet, und man weiß eigentlich selbst nicht, warum.

Ich versuchte natürlich, neben Stefan, mit dem ich übrigens heute noch gut befreundet bin, möglichst gut auszusehen. Und dann flog er vom Platz. Er war ein ziemlich aufbrausender Typ, und die Schiedsrichter warteten oft nur auf seinen Wutanfall, um ihn vom Platz zu stellen. Auf jeden Fall mußte er damals raus, und jetzt waren alle Augen auf mich gerichtet.

Ich spielte damals, als ob es um mein Leben ginge. Wir gewannen beide Spiele, einmal 3:0 und dann beim zweiten Mal 4:2 – und das gegen die übermächtigen Superstars aus Köln. Ich schoß beide Male zwei Tore und fühlte mich als großer Held im riesigen Südstadion.

Unter den Beobachtern war Kölns Manager Karl-Heinz Thielen, der regelmäßig nach jungen Spielern Ausschau hielt, um die Mannschaft zu verstärken. Nach dem Spiel, nur wenige Stunden später, saß ich in einem Raum des Vereinsgebäudes und erhielt das Angebot, als Profi nach Köln zu kommen. Der Trainer, Hennes Weisweiler, war gar nicht beim Spiel gewesen und auch bei der Besprechung nicht dabei. Ich weiß noch, wie wir im Büro saßen und sie ihn anriefen. Er war in Argentinien und gar nicht so einfach zu erreichen. Der Kader war schon voll, es gab eigentlich keinen Platz mehr für einen zusätzlichen Spieler. Weisweiler wollte am Telefon nur eins wissen:

»Is ett 'ne Stürmer?« fragte er.

Thielen bejahte und erzählte ihm kurz, wie ich allein das Spiel gegen Köln entschieden hatte.

Ich konnte gut verstehen, was die beiden am Telefon miteinander sprachen, und hörte Weisweiler sagen:

»Dann nemme m'r der!«

Der Rest ging dann sehr schnell: Der Vertrag wurde aufgesetzt, Hertha bekam 50 000 Mark Ablöse, und mein Einkommen sprang von 250 Mark monatlich im Berliner Finanzamt auf fast 10 000 Mark bei den Kölner Profis. Aber das Geld interessierte mich eigentlich nicht, da ging es um Summen, die ich ohnehin nicht einordnen konnte.

Ich bat dennoch um drei Tage Bedenkzeit und fuhr nach Berlin zurück, sprach mit meinen Eltern, mit Oma und natürlich mit meinen Schwiegereltern, die waren am wichtigsten für meine Entscheidung. Ich wollte nicht ohne meine Freundin nach Köln, aber Monika hatte eben erst ihren siebzehnten Geburtstag gefeiert. Nach ausführlichen Gesprächen gaben Monikas Eltern nach, und sie durfte mit. Bei meinen Eltern war es nicht so einfach. Meine Mutter wollte, daß ich in Berlin blieb, und mein Vater hielt mich für verrückt, die sichere Stellung beim Finanzamt einfach aufzugeben. »In zehn Jahren könntest du Amtsrat sein!« sagte er und versuchte mir die Vorteile vor Augen zu führen. Aber was war das alles im Vergleich zu einem Angebot, beim 1. FC Köln zu spielen? Mit den Fußballern in einem Team, für deren Autogramme ich noch ein Jahr zuvor angestanden hatte, als sie in Berlin bei Hertha BSC gastierten. Außerdem wollte ich auch den Berlinern zeigen, daß es andere gab, die an mich glaubten. Für die Manager von Hertha BSC existierte ich nicht. Während meiner A-Jugendzeit in Berlin spielte ich immerhin in acht Jugendländerspielen, ich war kein Unbekannter mehr unter den jungen Spielern. Doch die hatten noch immer kein Interesse an mir.

Einige Tage später war ich zurück in Köln und unterschrieb den Vertrag. Das war damals noch eine einfache Sache im Vergleich zu heute, ein Standardvertrag vom DFB ohne Tausende von Zusatzklauseln, die mittlerweile nur noch ein Rechtsanwalt durchschaut.

Köln zum ersten

Antritt – und dann am Gegner vorbei.

Wichtigster Augenblick nach dem Vertragsabschluß war mein Besuch in der Geschäftsstelle des FC, wo ich nach der Liste mit dem Spielerkader suchte. Da hing sie: 26 Namen, und der allerletzte war meiner, noch mit der Hand dazugeschrieben. Jetzt wußte ich, daß ich nicht träumte. Erst jetzt glaubte ich es. Auf dieser Liste meinen Namen zu finden war, glaube ich, eins der schönsten Erlebnisse meiner Karriere. Die ersten elf Namen auf der Liste klangen wie die täglichen Sportnachrichten. Die Kölner waren damals Deutscher Meister und Pokalsieger, auch ein Jahr zuvor hatten sie den Pokal gewonnen.

Heute erinnere ich mich besonders an den Namen eines Spielers, den ich damals schon bewunderte und der mir später sehr geholfen hat, hier in Japan Fuß zu fassen. Es war Yasuhiro Okudera, der einzige Japaner, der in der Bundesliga wirklich erfolgreich war – »dä Okku«, wie Hennes Weisweiler immer sagte. Dann fanden sich dort die Namen von Stars wie Neumann, Flohe, Dieter Müller, Gerd Strack, Toni Schumacher und auch Bernd Cullmann, der spätere Manager. Und ganz unten Pierre Littbarski.

Dann ging alles sehr schnell. Ich übersiedelte nach Köln und nahm eine winzige Wohnung im Uni-Center.

Sie hatte nur einen Raum, und in der Enge war es trotz aller Verliebtheit mit Monika nicht einfach. Ein Jahr lebten wir in diesem Wohn-, Schlaf- und Kochraum, und erst nach ein paar Wochen fiel uns beiden auf, daß die Gegend und das Hochhaus, in dem wir lebten, nicht unbedingt die feinste Ecke von Köln war.

Auf der einen Seite im Haus wohnten die Prostituierten, auf der anderen die Zuhälter und andere Gauner. Während der Nacht hörte man Geschrei, und jeden zweiten Tag holte die Polizei jemanden ab. Auch mit dem vielen Geld, das ich nun verdiente, wußte ich nicht umzugehen. Monika und ich waren anfangs unheimlich sparsam. Wir hatten kein eigenes Auto und wuschen die Wäsche im Waschsalon, da mir der Preis für eine eigene Waschmaschine extrem hoch erschien.

Meine ganze Jugend hatte ich bei Menschen verbracht, die für mich da waren und mir alle Sorgen abgenommen hatten. Das einzige, was ich zu tun hatte, war immer nur Fußballspielen. Jetzt hatte ich plötzlich Entscheidungen zu treffen über Dinge, die vielleicht banal klingen, für mich aber eine große Belastung bedeuteten. Das begann schon bei Kleinigkeiten. Der Klub wollte mir eine möblierte Wohnung besorgen, aber ich hatte Angst davor. Ich dachte mir: Was passiert, wenn du den Kasten dort kaputtmachst, der gehört dir doch gar nicht?

Langsam wuchs ich jedoch hinein in diese fremde Welt der Erwachsenen, und große Hindernisse tauchten auch nicht mehr auf, im Gegenteil, alles lief so einfach ab, daß mir manchmal durch den Kopf ging: Vielleicht schlägt das Schicksal auch einmal in die andere Richtung um, und dann mußt du auch darauf vorbereitet sein.

Litti

Schon am Tag meiner offiziellen Vertragsunterzeichnung lernte ich die ersten Mitspieler kennen. Draußen auf dem Parkplatz stand Toni Schumacher vor seinem alten Käfer, den er mir dann später verkaufte. Er begrüßte mich direkt und fragte nach meinem Namen. Ich antwortete artig, Pierre Littbarski, er lachte und sagte: »Also, ich bin der Toni, und einen Namen wie deinen kannst du hier gleich vergessen, der Vorname klingt zu fremd, und der Nachname ist zu lang. Am besten, wir rufen dich einfach nur Litti.«
Er gab mir als erster diesen Namen, der bis heute mein Spitzname und auch mein Markenzeichen ist. Ich glaube, heute kennen ihn mehr Menschen als meinen richtigen Namen. Dann kam noch ein anderer Spieler, Herbert Neumann, der nach dem Ende seiner Laufbahn in Holland als Trainer gearbeitet hat.
»Laß dich beim Geld nicht über den Tisch ziehen«, sagte der und klopfte mir auf die Schulter.
Das waren die ersten Kontakte mit meinen berühmten Kollegen, die mir mit ihren lockeren Sprüchen auch die Angst genommen haben. Daß hinter der lockeren Art, die Fußballer fast immer zur Schau tragen, ein eis-

kalter, rücksichtsloser Konkurrenzkampf steht, wußte ich damals noch nicht.

Toni Schumacher zum Beispiel hat keineswegs immer nur flotte Sprüche geklopft und sich, ohne je Angst zu haben, mit allen angelegt. Ein wirklich schlechter Zug von Schumacher war, daß er oft rücksichtslos war, und das wirkte sich immer schlimm aus, wenn er auf einen Schwächeren traf. Junge Spieler konnte er schon allein mit verbalen Mitteln schnell einschüchtern und so dazu bringen, daß sie alles machten, was er von ihnen als »Hilfestellungen« beispielsweise im Trainingslager forderte. Er war leider ein negatives Beispiel dafür, wie man Einfluß auf eine Mannschaft nehmen kann und zur Führungsperson wird.

Schon ein paar Tage später ging's ins Trainingslager. Ich schwitzte vor Aufregung, als ich dort ankam. Wie werden die anderen mit mir umgehen? Werden sie mich akzeptieren? Werde ich mit ihnen mithalten können? Diese Fragen schossen mir durch den Kopf. Alles lief dann ganz nüchtern ab, die haben mich kaum beachtet.

»Dat is dä Litti aus Berlin, der ham mer noch jeholt«, so stellte mich der Trainer vor, aus, erledigt, nun begann die Arbeit. Keiner hat mich angesprochen oder mir eine Frage gestellt. Ich war eine Null für die, irgend so ein Neuer aus Berlin, der Jüngste von allen und auch noch der Kleinste. Die zwei Wochen Trainingslager erlebte ich wie in Trance. Mein großes Glück war aber unser Trainer Hennes Weisweiler.

Hennes Weisweiler war eine ungewöhnliche Mischung

aus einem ganz einfachen Menschen und einem hoch-
sensiblen Spezialisten. Er wurde oft »der Bauer« genannt, weil er Dialekt sprach und keinen sonderlichen
Wert auf gewählte Ausdrucksweise legte. Seine besondere Stärke war die einfühlsame Art, mit der er
den jungen Spielern begegnete. Wir, also zum Beispiel
Bernd Schuster, Stefan Engels, Thomas Kroth und ich,
wurden von ihm nie kritisiert. Er wollte uns aufbauen
und nicht fertigmachen. Stundenlang übte er mit uns
die verschiedenen Schußtechniken und nahm uns andererseits beim Lauftraining heraus, um uns nicht zu
überanstrengen. Heute unvorstellbar, wo jeder das gesamte Training mitmachen muß.

Hennes Weisweiler im Pokalsieger- und Meisterjahr 1978.

Weisweiler hat durch sein Training eigentlich bei mir das Fundament für meine Technik gelegt, so daß mir später Tore gelangen, durch die ich berühmt wurde. Ich weiß nicht, was passiert wäre, wenn ich damals an einen Trainer geraten wäre, der mich immer nur hätte laufen lassen.

Hennes Weisweiler zählte zu den ausgeglichensten Menschen, die ich je kennengelernt habe – außer wenn's ums Kartenspielen ging, seine liebste Freizeitbeschäftigung. Sie spielten immer zu dritt: Weisweiler, Ko-Trainer Hannes Löhr und Hofmann, der Jugendleiter. Und wehe, wenn Weisweiler verlor, dann gab's jedesmal einen Riesenkrach. Die beiden anderen haben ihn oft gewinnen lassen, weil sie die Stimmung nicht verderben wollten.

Hennes Weisweiler gehörte zu einer Trainergeneration, die es heute nicht mehr gibt: Er hatte nichts studiert, wußte nichts von irgendwelchen Methoden, die an Sporthochschulen gelehrt wurden, er war der einfache Mensch, der sich aufgrund seiner Persönlichkeit durchsetzte, ohne irgendwelche Machtspielchen oder Einschüchterungen. Auch die Presse akzeptierte ihn als diese Persönlichkeit; da gab es keinen, der ihn kritisierte.

Er war sicherlich der beste Trainer, den sich ein angehender Fußballprofi wünschen kann. Weisweiler war wie ein Schuhlöffel für die große Fußballwelt für mich, durch ihn fand ich schnell Kontakt zu den anderen Spielern, und schon nach fünf Wochen setzte mich der Trainer in der Bundesliga ein.

Der rauhe Wind der Bundesliga

Es war mein erstes Spiel in der Stammelf des 1. FC Köln, und wer kann das Gefühl beschreiben, das man als junger Spieler empfindet, wenn man auf diesem Rasen vor dieser Kulisse spielt? Auf der Bank saß damals Dieter Müller, der Torschützenkönig der letzten Saison, und mich hatte der Trainer an seiner Stelle eingesetzt. Am Abend zuvor telefonierte ich mit meiner Großmutter und erzählte ihr, daß ich am nächsten Tag zum erstenmal in einer Bundesligamannschaft spielen würde. Sie antwortete nur: »Wenn das der Großvater noch sehen könnte!«

Dann wollte sie noch wissen, ob das Spiel im Radio übertragen würde oder gar im Fernsehen. Sie war noch nervöser als ich. Mein erstes Spiel, es war gegen Kaiserslautern, endete 1:1. Zwei Verteidiger sind mir heute noch in Erinnerung: Hans-Peter Briegel und Hans-Günter Neues. Die beiden waren fast 1,90 Meter groß, richtige Hünen im Vergleich zu mir. Nachdem ich mit denen ein paarmal aneinandergeraten war, zog mich Neues nach einer Attacke an den Haaren hoch und sagte:

»He, Junge, mal langsam, paß auf, wo du hinsteigst!«

»Denkste, so eener wie du macht mir angst?« antwortete ich mit Berliner Schnauze und riß mich los. Der hat mich in dem Spiel nicht mehr angefaßt. Bernd Cullmann, heute Manager bei Köln, hat das entscheidende Tor für uns geschossen.

Nach dem Spiel war ich voller Erwartungen, was wohl

die anderen sagen würden, vor allem der Trainer. Aber keiner sprach auch nur ein Wort mit mir. Es war gespenstisch. Da wurde mir klar, daß ich noch einen weiten Weg vor mir hatte und daß so ein Einsatz in einem Spiel überhaupt nichts bedeutet. So sehr ich vor dem Spiel begeistert war und auch während der neunzig Minuten kämpfte, danach kamen die große Leere und die Enttäuschung. Nichts ist für einen begeisterten Anfänger tödlicher als das Erlebnis von Routine. Was für mich das wichtigste Spiel meiner bisherigen Karriere war, bedeutete den anderen nichts, absolut nichts.

Doch auch wenn Weisweiler nichts sagte, er schien zufrieden gewesen zu sein, denn er setzte mich im folgenden Spiel wieder ein und dann noch einmal und noch einmal, so daß ich gleich zu Beginn der Saison siebenmal hintereinander spielen durfte. Mir gelangen die ersten Tore, und plötzlich war ich fester Bestandteil dieser Mannschaft.

Junge und Alte

Das bedeutete eine riesige Veränderung im Leben eines achtzehnjährigen Jungen, der eben noch seine Ausbildung beim Finanzamt abgebrochen hatte und plötzlich im Rampenlicht der Bundesliga stand. Köln war damals die große Chance für junge Spieler wie mich. Bernd Schuster, Stefan Engels, Thomas Kroth und ich, wir waren alle noch unter zwanzig, als wir

58

Gegen Borussia Mönchengladbach, gemeinsam mit Bernd Schuster.

beim 1. FC Köln anfingen. Bernd Schuster zum Beispiel kam von uns jungen Hüpfern nur durch Zufall in die Mannschaft. Ein Vorstopper hatte sich verletzt, und der Verein suchte händeringend nach einem weiteren Spieler. Schuster ist wohl der ruhigste und schüchternste Fußballer, den ich je kennengelernt habe, er sprach höchst selten mal ein Wort. Und so machte in der Mannschaft bald der Witz die Runde, man wisse eigentlich gar nicht, was der für eine Stimme habe. Er sagte zwar nichts, überzeugte aber alle mit seiner Spielkunst. Er hatte diese unnachahmlich ästhetische Art, mit dem Ball umzugehen, ähnlich wie Beckenbauer. Wie der die Lederkugel mit dem Fuß über den Platz trug, das machte ihm so schnell keiner nach.
Bei Köln saß damals ein Millionen-Einkauf wie der

Belgier van Gool auf der Reservebank, während wir Jungen eingesetzt wurden. Mit van Gool »verband« mich bald eine spezielle Feindschaft: Er war zu der Zeit der teuerste Bundesligaprofi, für eine Million Mark aus Belgien eingekauft. Als ich kam, spielte er Rechtsaußen, war jedoch ständig verletzt und auch sonst nicht besonders gut in Form. So nahm ich seinen Platz ein.

Für mich war der Wechsel von Hertha Zehlendorf zum 1. FC Köln so was wie der Sprung vom Kindergarten auf die Universität. Ich hatte als junger Spieler unheimlich mit Minderwertigkeitsgefühlen zu kämpfen, mir fehlten Selbstbewußtsein und Optimismus, und jede kritische Bemerkung hat mich damals total verunsichert. Ich grübelte dann manchmal nächtelang, ob mich der Verein wohl überhaupt behalten und nicht gleich wieder feuern würde.

Und nun kam van Gool jeden Samstag vor dem Spiel, in dem ich mal wieder seinen Posten einnahm, zu mir in die Kabine und sagte: »Genieß dies Match noch mal, ist dein letztes in dieser Mannschaft. Nächstes Mal bin ich wieder fit, und dann gibt's nichts mehr für dich zu tun.« Heute glaube ich, daß der mich einfach entnerven wollte, damit ich nicht zu einer wirklichen Gefahr für seinen Stammplatz wurde.

So sammelte ich meine ersten Erfahrungen mit dem rücksichtslosen Konkurrenzkampf in den Bundesligamannschaften. Da existiert kein Verantwortungsgefühl von älteren gegenüber jüngeren Spielern, von erfahrenen Cracks gegenüber den Anfängern. Im Gegenteil: Die etablierten Spieler freuen sich, wenn ihnen »nur« ein junger im Weg steht – der läßt sich vielleicht schneller beiseite drängen.

Eine weitere Erfahrung in diesem Zusammenhang bedeutete Harald Konopka für mich. Der war damals hinter mir rechter Verteidiger und nutzte mich ordentlich aus. Für den mußte ich ständig nach hinten, um auszuhelfen, und er hat dann nach dem Spiel geglänzt und sich als der tolle Spieler aufgeführt. Mich hat er behandelt wie den letzten Dreck und mir das Gefühl gegeben, ich könnte froh sein, daß ich überhaupt mitspielen dürfe. Einmal habe ich mich allerdings für seine Schikanen gerächt: Vor dem Training pappte ich seine Schuhe mit irgendeinem Superkleber am Boden fest, da mußte er nach dem Training in Turnschuhen nach Hause latschen.

In späteren Jahren habe ich mich über solche demütigenden Situationen furchtbar geärgert und mir zugleich vorgenommen, mich als älterer Spieler anders zu verhalten. Ich hatte zumindest erlebt, wie man's nicht machen sollte.

Jeder junge Spieler muß diese Aggressionen und miesen Behandlungen durchmachen, man hat allerdings zwei Möglichkeiten, damit umzugehen: Entweder man rächt sich später an den jungen in der Art, wie mit einem selbst verfahren wurde, oder man verhält sich fair. Ich habe zumindest versucht, es auf die zweite Art zu machen.

Bald gab's natürlich die ersten Presseberichte. Anfangs konnte ich nicht glauben, daß über mich was in der Zeitung stand. Es kamen überschwengliche Kritiken, und immer wieder zitierten die Zeitungen meinen Trainer Hennes Weisweiler, der gesagt hatte: »Wenn man Spieler wie Littbarski oder Kempe sieht, muß es einem um den deutschen Fußball nicht bange sein.« Ich hab' das alles aufgesaugt wie ein trockener Schwamm. Niemandem glaube ich, der behauptet, er sei von Lob oder auch von Kritik unabhängig.

Der WDR in Köln produzierte sogar eine eigene Sendung mit mir. Ein Journalist ging mit einem Mikrofon durch die Kölner Innenstadt und fragte die Leute, ob sie den Littbarski kennen würden. Natürlich hat jeder nein gesagt, mich kannte ja wirklich noch kaum jemand.

Dann kam er auf mich zu und hat auch mir seine Frage gestellt: »Kennen Sie Littbarski?« Ich stand da und hab' geantwortet: »Klar kenn ich den, das bin ich nämlich selbst« – und so hat das Interview begonnen.

Die Zeitungen haben mich regelrecht als neuen Superstar gefeiert, und erst als nach ein paar Wochen ein erster Kräfteverlust eintrat , wurde es wieder ruhiger. Dieser physische Abbau hatte damit zu tun, daß ich nach dem Ende der A-Jugend-Meisterschaft sofort mit der Bundesligamannschaft ins Trainingslager nach Grünberg mußte. Trotz der Fürsorge von Hennes Weisweiler erlitt ich diesen körperlichen Einbruch, was ganz normal ist, wenn man unmittelbar nach einer Saison ohne Pause ins Trainingslager der Profis muß.

Nach acht Spielen in der Bundesliga machte sich die

enorme Kraftanstrengung bemerkbar, und ich konnte einfach nicht mehr. Ich mußte auf die Ersatzbank, obwohl ich vom Spielsystem her hervorragend in die Stammelf paßte. Es war ein Schock für mich. Wenn man schlecht spielt, sieht man leichter ein, daß man auf der Bank sitzen muß. Man hat da auch immer die Hoffnung, daß man schnell wieder zu seiner Form findet. Mit der körperlichen Fitneß ist es was anderes: Wenn die einmal weg ist, braucht man meist Wochen, um sie wieder aufzubauen.

Insgesamt betrachtet muß ich allerdings sagen, daß die Presse damals viel sachlicher mit uns jungen Spielern umging, als das heute der Fall ist. Meist wurde der Trainer mit seiner Einschätzung zitiert und manche Spiele einfach nur ohne kritischen oder gar gehässigen Kommentar beschrieben. Wenn der Trainer einen gelobt hatte, wurde das wiedergegeben, der Journalist hielt sich selbst sehr zurück. Heute ist das meist umgekehrt, da versucht der Journalist vor allem kritische Bemerkungen aufzuschnappen, und haut dann noch eins drauf.

Trotz aller optimistischen Einschätzung wurde allerdings auch Hennes Weisweiler bald klar, daß ich noch am Beginn meiner Lehrzeit stand. Sicherlich, das Talent war vorhanden, aber wie Weisweiler einmal sagte, die größten Fertigkeiten am Ball seien nichts wert, wenn nicht die notwendige Kraft dahinterstecke. Ich war trotz meiner Anfangserfolge in den Augen vieler Fußballexperten ein Schwächling, der zwar gutes Ballgefühl besaß, aber dessen Potential begrenzt war. Drib-

»Der Dribbelkönig
mit den Säbel-
beinen«.

beln war meine Stärke, sicherlich, aber leider klebte
mir der Ball oft am Stiefel, und ich gab ihn zu spät ab.
Das ist vielleicht für einen jungen Fußballer am schwie-
rigsten zu lernen: den goldenen Mittelweg zwischen
Individualismus und Teamgeist zu finden. Irgendwann
begreift man dann, daß nur der Sieg der Mannschaft
zählt – und der ist oft nur zu erreichen, wenn man den
Ball zum richtigen Zeitpunkt an den Mitspieler weiter-
gibt. Kunststücke sind nichts wert, tolle Tricks, die
vielleicht im Moment die Fans begeistern, sind schnell

vergessen, wenn keine Tore fallen oder die eigene Mannschaft verliert.

Ich erinnere mich, in der ersten Saison nannten sie mich den »Dribbelkönig mit den Säbelbeinen«. Da war immer diese Zweideutigkeit: die Bewunderung, aber auch der leise Spott über meine krummen Beine. Aber die Leute haben nicht unbedingt bloß meine krummen Knochen gemeint, auch andere Spieler hatten die berühmten Fußballerbeine. Es war da immer dieses Bestaunen mit Einschränkung, das hat mich mein ganzes Fußballerleben verfolgt. Noch heute überlege ich oft, wo der Grund dafür liegt: Ist es meine Art, zu spielen, die eben nicht ausreichte, um ein von allen bewunderter Star wie Beckenbauer oder Matthäus zu werden? Oder fehlte mir das oft entscheidende freche oder überhebliche Auftreten in der richtigen Situation? Ich hab' mich meist über meine Freundlichkeit verkauft, war nett und lieb, bis es mir zuviel wurde, und dann folgte ein oft sinnloser Wutanfall.

Popularität und Alltag

Große Probleme bei diesem rasanten Erfolg mit noch nicht einmal zwanzig bereitete mir der Alltag, der neben dem Fußball ja weiterging. Ich lebte mit meiner Frau, die noch jünger war als ich, allein in Köln, keine Eltern, keine Großeltern, keine Verwandten, für die man sowieso nur noch Fußballer ist. Meine Großmutter zog nach dem Tod meines Großvaters von Berlin zu Verwandten in die Nähe von Hannover. Für sie stellte ich die Erfüllung aller Wünsche des Großvaters dar, der doch so ein Fußballnarr gewesen war. Wenn mich mal jemand kritisiert hatte, rief sie immer gleich an und fragte, was denn los sei und ob das auch alles stimme. Alle in dem kleinen Dorf haben sie immer angesprochen, wenn was in der Zeitung stand.

Auch mein Vater, mit dem ich kaum noch Kontakt hatte, war plötzlich stolz auf meine Erfolge, und meine Mutter – die über meinen Weggang aus Berlin nicht glücklich gewesen war – kannte bald jeden Satz, der über mich geschrieben wurde. Heute besitzt sie wahrscheinlich das beste Pressearchiv über mich, hat nahezu alle Spiele aufgezeichnet, in denen ich mitgewirkt habe, und bewahrt sie in ihrer Videothek auf.

Aber da war das Leben neben dem Fußball. Mit kaum zwanzig Jahren mußten meine Frau und ich allein entscheiden, was für eine Wohnung wir nehmen sollten, welches Auto, wie wir mit dem Geld haushalten sollten, das immer mehr wurde. Und niemand vom Verein kümmert sich um dich. Die holen dich als halbes Kind und starren auf deine Kunststücke, wie bei einem Zirkuspferd. Die reden über deine Kondition, deine Technik, deine Tore und deine Mißerfolge. Bist du gut und schießt Tore, sind sie glücklich. Versagst du, sind sie beleidigt, weil sie dich doch so großzügig bezahlen. Aber sonst bist du allein auf dieser Welt.

Nach der Hochzeit mit den Trauzeugen, dem Ehepaar Schumacher.

1979, im zweiten Jahr in Köln, haben Monika und ich geheiratet, wir zogen in eine größere Wohnung in einem modernen Hochhaus im 25. Stock, ich kaufte mir einen Hund, eine Waschmaschine und einen teuren Wagen, hinter dessen Lenkrad ich fast verschwand. Innerhalb kürzester Zeit wuchs mein Fuhrpark vom Moped zum großen BMW. Später schraubte ich alles wieder zurück, aber im Moment schien plötzlich nichts unmöglich und nichts unbezahlbar.

Der richtige Spieler zum richtigen Zeitpunkt

Mein Fußballeben entwickelte sich rasant. Schon in der ersten Saison spielte ich sechzehnmal in der Bundesliga. Dazu kam der Europa-Cup, weil Köln ja das Jahr zuvor Meister geworden war, das heißt, auch meine ersten Spiele gegen ausländische Klasseteams.

In der Meisterschaft gab es großartige Momente wie das 8:0 gegen die Braunschweiger Eintracht, wo ich sechs Tore direkt vorbereitet hatte. Einundzwanzigmal wurde ich ins U21-Team berufen, das ist bis heute unerreicht, ebenso dort mein Rekord als Torschütze: achtzehn Treffer.

Die erste Berufung zu einem Lehrgang der Jugendnationalmannschaft im Jahr 1977 war natürlich eine ganz große Sache für mich. Ich war noch nicht mal zwanzig und träumte wie jeder Fußballer in meinem Alter von der Nationalmannschaft. Bekommt man als junger Spieler eine Chance im Nationalteam, dann geht man, anders als später, viel naiver und unbelasteter in diese Situation rein. In einer Reihe mit den anderen Spielern auf dem Feld zu stehen und die Nationalhymne zu hören, das war eins der schönsten Gefühle, die ich bis dahin erlebt hatte. Kein Gedanke an so etwas wie Stolz auf Deutschland, ob man das nun empfinden darf oder nicht, all die Probleme, die einen später oft beschäftigen.

Berti Vogts, der uns damals trainierte, war der beste Jugendtrainer, den der DFB je hatte, ich glaube, er war für diesen Job geboren. Der war so etwas wie ein freundlicher Onkel für uns, einfühlsam und verständnisvoll und immer selbst ein wenig kindlich wie seine Schützlinge. Er besaß auch eine unglaubliche Geduld, ewig konnte er mit einem Spieler üben, um dessen Schwächen zu beseitigen.

Rudi Völler, der damals auch im Team war, hatte keinen sonderlich starken linken Fuß. Vogts wollte ihn gern als Linksaußen einsetzen, und so hat er ihn stundenlang von links flanken lassen. Vogts sagte: »Das kriegen wir schon hin«, und ließ ihn üben und üben. Immer wenn wir auf den Platz geschaut haben, kam der Rudi von links und flankte – morgens, mittags, abends. Wir konnten uns bald kaum noch das Lachen verkneifen, aber Vogts ließ nicht locker – und am Ende konnte Völler es auch mit links. So viel Geduld mit einem Spieler, so viel Konzentration auf eine ganz individuelle Leistungssteigerung ist heute bei einem Trainer kaum mehr vorstellbar. Berti Vogts konnte aus uns Jungen die ungewöhnlichsten Fähigkeiten herauskitzeln.

Ich spielte bereits in der Nationalmannschaft U21 mit Lothar Matthäus zusammen – auch damals schon eine Mischung aus Kraftpaket und Hysteriker. Ein großartiger Fußballer, aber mit einigen psychischen Problemen. Ich war damals Mannschaftskapitän und mußte ihn in fast jedem Spiel beruhigen, weil er immer mit dem Schiedsrichter aneinandergeriet – er war sehr unbeherrscht und aufbrausend, das völlige Gegenteil von Bernd Schuster, der immer ruhig und bescheiden war. Lothar Matthäus konnte einfach keine andere

Meinung zulassen, weder die eines Mitspielers noch die eines Schiedsrichters. Und dabei hätte er das bei seinen spielerischen Talenten überhaupt nicht nötig gehabt, aber ich hatte immer den Eindruck, der kämpft ums Überleben.

Wolfgang Rolff war da ein ganz anderer, aber mir nicht weniger imponierender Spielertyp. Der konnte rennen wie sonst keiner von uns. Wir sagten immer, den ziehst du vor dem Spiel auf, und am Schluß mußt du ihn wieder abstellen. Rolff kämpfte die ganzen neunzig Minuten durch, so viel Kondition und Kraft wie er hatte niemand im Team.

Ich glaube, daß ein Spielertyp, wie er ihn verkörperte, immer unterbewertet wird: Gäbe es keine Rackerer wie ihn, dann könnten Stars wie Beckenbauer, Cruyff und Maradona nicht glänzen. Auch ich konnte nur mein Spiel aufziehen, weil er neunzig Minuten hindurch geschuftet hat. Leider lassen die Journalisten diese Spieler viel zu rasch links liegen, um sich nur mit den Stars zu beschäftigen. Ich fand das immer ungerecht, weil sich Spieler wie Rolff über Jahre hinweg schinden und meist diejenigen sind, die an schlimmen Verletzungen laborieren. Er hat mich mit seinem Einsatz sehr beeindruckt und auch meine Zukunft auf dem Platz mitbestimmt – durch ihn habe ich gelernt, daß ich ohne Helfer wie ihn keine Möglichkeiten habe, mein Spiel zu machen.

Im B-Team der Nationalmannschaft spielte ich nur ein einziges Mal, weil ich sehr früh in den Kader der A-Mannschaft berufen wurde.

Wichtigster Spieler beim FC war für mich in der Anfangszeit trotz all seiner Schwächen Toni Schumacher.
Er hatte halt eine Art, die einem die Angst nahm, war
direkt und hatte immer einen frechen Spruch parat.
Mit ihm habe ich oft ein Zimmer geteilt, wenn wir
unterwegs waren. Man konnte mit ihm gut reden,
wenn alle schon geschlafen haben, und er hörte einem
zu und gab Rat. Die anderen, mit denen ich mich gut

Johan Cruyff, eins
meiner Vorbilder.

verstand, waren Neumann und Flohe, aber die habe ich hauptsächlich wegen ihres Könnens bewundert. Erst später mußte ich erkennen, daß manche Spieler, leider auch Schumacher, meine Jugend und Naivität ausnutzten. Sie kommandierten mich herum, ließen mich ihr Gepäck tragen und bildeten mich sogar zum Ober aus ... Auch hier das langsam schon bekannte Doppelspiel: Immer ein Scherzchen auf den Lippen, eine nette Bemerkung, ein Klaps auf die Schulter, doch mit dem Hintergedanken verbunden, den Neuen ganz unten zu halten, immer mit der Nase auf dem Boden. Es war ein wenig wie beim Militär, der Rang im Team wurde ausgespielt, vielleicht auch deshalb, weil die sogenannten »alten Hasen« oft auch erst Mitte zwanzig und noch keine Erwachsenen sind, die mit ihrem Erfolg angemessen umgehen können.

Unerreichbarer Star war damals für mich Johan Cruyff. Ihn bewunderte und beneidete ich, weil ich ihn für den absolut perfekten Fußballer hielt. Er repräsentierte eine Verbindung zwischen technisch starkem Spiel und einer Dynamik, die niemand außer ihm beherrschte. Er konnte sich geschmeidig über den Platz bewegen, kraftvoll stürmen und dann wieder mit unglaublichen technischen Tricks überraschen. Das Sympathische an ihm war gleichzeitig die Leichtigkeit, mit der er alles machte. Alles sah so natürlich aus, und er war auch als Mensch so, wie er spielte. Er war ganz anders als Beckenbauer, der vielleicht eine ähnliche Begabung hatte. Beim Franz sah immer alles ein wenig überheblich aus, sein Laufstil und seine Art, sich zu bewegen, hatte etwas Provokantes. Cruyff war schlitzohrig, immer für eine Überraschung gut, der totale Individualist, den es heute kaum noch gibt, und doch jemand, der fast genial in und mit einer Mannschaft spielen konnte.

Individualisten haben es heute sehr schwer. Die modernen Trainer glauben, daß diese altmodischen Perfektionisten den Fußball eher behindern und allenfalls die Zuschauer beeindrucken. Aber ein Trainer wird eben nicht für den Szenenapplaus bezahlt, sondern für Resultate. Und die bringen die schnellen Spieler, bei denen die Technik keine so große Rolle spielt.

Die altmodischen Spieler, zu denen ich mich mittlerweile auch zähle, machten vielleicht noch ein Dribbling an der Außenlinie und dann noch eins, sie schlugen einen Haken mehr, weil sie einfach Lust dazu hatten, und versuchten, mal eine Ecke direkt zu verwandeln. Heute sind die Spieler richtige Athleten, die könnten in jeder Sportart eine gute Figur machen. Die Hälfte der Zeit wird jetzt ohne Ball trainiert, das wäre früher, sagen wir, vor zehn Jahren, unvorstellbar gewesen. Im Match geht alles rasend schnell, und man hat sehr wenig Zeit, den Ball anzunehmen, spielt gleich weiter, und so ergeben sich sehr viele Fehlpässe. Das Spiel konzentriert sich im Mittelfeld, weil oft beide Mannschaften auf Abseits spielen. Das mag effizient sein, für die Zuschauer ist es aber quälend. Spieler wie Beckenbauer kämen heute in größte Schwierigkeiten, weil ihnen viel zu wenig Zeit bliebe, den Ball anzunehmen.

Mein zweites Tor
zum 3:1 in meinem
ersten A-Länder-
spiel gegen Öster-
reich am 14. Okto-
ber 1981 in Wien.

Doch ich war damals mit meiner Spielart gerade zur rechten Zeit gekommen. Dem Trainer und auch dem Publikum gefiel mein trickreiches Spiel, und nach einigen Anfangsschwierigkeiten begann ich auch das System einer Profimannschaft zu verstehen. Du kämpfst zwar für dich selbst, kannst aber ohne die anderen nichts gewinnen.

Schon im zweiten Jahr bei Köln war ich Stammspieler, der seinen festen Platz in der Mannschaft hatte, und im dritten Jahr wartete ich nur noch auf die große Chance, auch einmal im Nationalteam zu spielen.

Dann gegen Österreich, es war am 14. Oktober 1981 im Wiener Praterstadion, bekam ich endlich meine erste Chance. Es wurde zum wichtigsten Spiel in der Anfangsphase meiner Nationalmannschafts-karriere.

Mit mir in der Mannschaft standen die Stars der deutschen Bundesliga: Kapitän war Rummenigge, dann waren da noch Breitner, Schumacher, Förster, Magath, Stielike, Fischer, alles Namen, gegen die ich ein Nichts war. Ein junger, kleiner Neuling, dem man halt auch einmal eine Chance geben wollte.

Das Spiel war ein wichtiger Schritt zur Qualifikation für die Fußballweltmeisterschaft in Spanien 1982. Wir gewannen mit 3:1, und ich schoß zwei Tore. An das erste erinnere ich mich noch genau, es passierte so in der Mitte der ersten Halbzeit. Es war ein Abpraller, den ich im Strafraum direkt aus der Luft aufs Tor schoß. Der Ball wurde abgefälscht und war unhaltbar. Beim zweiten Tor stand es 2:1, und die Österreicher drängten stark auf den Ausgleich, wir waren ziemlich am Schwimmen. Aus einem Gewühl im Strafraum schoß ich aufs Tor, Koncilia konnte noch abwehren, aber der Nachschuß landete unhaltbar im linken Eck. Dieser Glücksmoment war unbeschreiblich: Ich wollte jeden umarmen und abküssen. Doch die großen Stars reagierten sehr kühl, klopften mir auf die Schulter und murmelten etwas wie: Gut gemacht, Kleiner. Auch nach dem Spiel wurde ich zwar von der Presse gefeiert, unter den Kollegen in der Mannschaft war es jedoch merkwürdig still. So ganz lieb war es ihnen offenbar nicht, daß da ausgerechnet der Debütant die entscheidenden Tore geschossen hatte.

Doch mit diesen zwei Treffern, bei denen einfach auch Glück dabei war, änderte sich mein Leben schlagartig. Schon nach dem Spiel war alles anders. Während vorher die etablierten Stars von den Journalisten befragt wurden, warteten nun dieselben Reporter, für die ich vor dem Spiel noch Luft gewesen war, schon gleich neben dem Platz auf mich. Mikrofone, Kameras, Scheinwerfer, Reporter drängten sich um mich, und Fotografen stießen einander zur Seite, um ein gutes Bild von mir zu schießen.

Natürlich verschlang ich in den folgenden Tagen alle Zeitungen. Da war die Rede vom »kleinen Zauberer mit den großen Tricks«, andere verglichen mich meiner Körpergröße wegen mit dem Brasilianer Garrincha oder dem Engländer Stanley Matthews. Die Kölner Journalisten nannten mich damals »Stan«, und auch viele in der Mannschaft benutzten diesen Spitznamen. Der stammte hier aber – und das wußten die meisten nicht – von Stan Laurel, dem kleinen Dünnen aus dem Komikerduo Dick und Doof.

Drei Jahre nachdem ich Berlin verlassen hatte, mit nur einundzwanzig Jahren, war ich selbst einer der Großen im Fußballgeschäft. Mein Gehalt stieg auf mehr als 200 000 Mark im Jahr, was immer noch lächerlich wenig war im Vergleich zu den Millionengagen meiner Mitspieler, die vor allem auch hohe Werbeeinnahmen hatten. Aber ich war glücklich. Monika und ich kauften uns ein Haus in Weilerswist, 25 Kilometer außerhalb von Köln, meine Frau war happy, daß wir nicht mehr in einer winzigen Bude in der Stadt leben mußten. Unser Leben hatte sich in diesen Jahren sehr verändert, nicht nur materiell. Prominent und populär zu sein, das war neu für uns. Wir konnten plötzlich nicht mehr einfach so ins Kino gehen, immer wieder wurde ich angesprochen, man wollte Autogramme oder nur über ein Fußballspiel sprechen. Ständig läutete das Telefon, selbst wenn es oft nur Menschen waren, die ausprobieren wollten, ob die Nummer wirklich stimmte. So begann ein isoliertes, zurückgezogenes Leben mit Videorecorder und Geheimnummer. Mir machte das nichts aus, ich war ohnehin am liebsten zu Hause. Aber es waren erzwungene Veränderungen, keine freiwilligen.

Der steinige Weg an die Spitze

Sich durchsetzen – auch gegen Pezzey und Völler
(damals Werder Bremen).

Nach meinem ersten Einsatz in der Nationalelf und den beiden Toren dachte ich mir, nun hast du es geschafft. Jetzt gehörst du zur Bundesliga und zur Nationalmannschaft. Ich war einundzwanzig, ein Alter, in dem andere langsam ihre Lehre abschließen und die ersten Schritte in den Beruf tun. Wenn man ein Studium aufnimmt, dauert es sogar noch länger, bevor man die harte Wirklichkeit des Berufslebens kennenlernt.

Ich war noch sehr jung, rückblickend muß ich gestehen, daß ich sogar noch um einiges unreifer war, als so manch anderer in meinem Alter. Und wenn man jung ist, macht man Fehler, was einem normalerweise ja auch zugestanden wird. Wenn man allerdings hochbezahlter Profi ist und Tausende von Zuschauern, die Vereinsmanager, Journalisten und der Trainer die entsprechende Leistung auf dem Rasen erwarten, dann kannst du deine Jugend nicht als Ausrede anbringen. Das interessiert die alle nicht. Du wirst bezahlt für Fitneß, gefährliche Flanken, schnelle Dribblings, Tore, Tore, Tore – also bring das gefälligst alles auch.

Die nächsten Jahre in der Bundesliga waren wichtige Lehrjahre für mich, oft sehr hart, aber so ist das Fußballgeschäft eben.

Harte Zeiten mit Rinus Michels

Die Rückschläge fingen für mich mit der Verpflichtung des neuen Trainers Rinus Michels an, der im Oktober 1980 zum 1. FC Köln kam. Ich habe in meiner Laufbahn wohl nie einen härteren Trainer kennengelernt. Er verhielt sich preußischer als jeder Feldwebel, und Kritik oder auch nur einen Zweifel an seinen Entscheidungen empfand er als massive Beleidigung.

Sein Ideal war der geradlinige, schnelle Fußball – Rasenschach nannte man das damals. Jeder Haken, jedes Dribbeln war eine unnötige Unterbrechung der Tormaschine, die in Richtung gegnerischer Strafraum rollen sollte. Wenn alle mit möglichst geringen Unterbrechungen und dem entsprechenden Tempo den Ball aufs Tor des Gegners zutreiben, kann nichts schiefgehen – so war seine Theorie.

Vielleicht besaß er wirklich strategisches Geschick, und der moderne Fußball zeigt, daß er eine Vision hatte, die heute bereits Realität ist. Aber für Individualisten wie mich war er tödlich. Er hatte sich in den Kopf gesetzt, aus mir eine Kampfmaschine zu machen, die zwar den Ball führen kann, aber ohne die, wie er meinte, überflüssigen kleinen Kunststücke. Er wollte einfach meinen Willen brechen, mir meine Spielfreude austreiben und aus mir jemanden anderen machen.

Stundenlang ließ er mich laufen, mal fünf, mal zehn Kilometer, bis ich halb ohnmächtig zusammenbrach. Ich war völlig ausgepumpt, hatte kein Gefühl mehr in

Rinus Michels, der
»General«.

den Beinen, und wenn ich zum Spiel auf den Rasen lief, waren meine Knochen wie aus Gummi, und ich fühlte mich, als hätte ich schon neunzig Minuten auf dem Platz gestanden.

Er war ein sehr geschickter Psychologe, aber durchaus nicht im positiven Sinn: Die Spieler sah er als seine Gegner an, die er überwinden mußte. Manchmal kam er mir vor wie ein Gefängniswärter, der sich in den Kopf gesetzt hat, aus den Häftlingen seiner Strafanstalt eine Fußballmannschaft zu bilden. Oder er erinnerte mich an einen General, der zwar mit seiner Truppe die Schlacht gewinnt, aber dabei die Hälfte seiner Leute verliert.

Sein raffiniertester Trick, auf den ich prompt reinfiel, war die Entscheidung, mich zum Mannschaftskapitän zu ernennen. Dahinter stand die Überlegung, daß ein älterer, stärkerer Spieler als Kapitän ihm viel mehr Widerstand entgegensetzen würde als ich. Jung und naiv, wie ich war, stimmte ich freudig zu und erkannte nicht, daß er mich nur auswählte, weil ich als Youngster in der Mannschaft auch der leichteste Gegner für ihn war.

Ich wurde Spielern mit klingenden Namen vorgezogen wie Schumacher, Allofs, Fischer oder Strack, die mit ziemlichem Hohn auf meine Ernennung reagierten. Ich erfuhr danach durch meine Mitspieler weniger so etwas wie Achtung als vielmehr Ausgrenzung, weil sie mich eher als Verräter im Kampf gegen den Trainer sahen, obwohl ich doch selbst mit ihm die größten Schwierigkeiten hatte.

Es ist kaum ein größerer Unterschied denkbar als der zwischen Michels und Weisweiler: Hennes Weisweiler ging immer davon aus, daß eine Mannschaft aus Individualisten besteht und umso besser agiert, je technisch und spielerisch ausgereifter jeder einzelne war. Für Michels durfte es keine Unterschiede geben, für ihn waren alle Spieler gleich, und das Training diente nur dazu, alle möglichen Unterschiede einzuebnen. Am Ende sollte eine perfekte Truppe aus elf Robotern dastehen, die auch alle untereinander austauschbar waren.

Michels war der Meinung, daß die Spieler nie freiwillig das Letzte geben und man sie daher dazu zwingen müsse. Er konnte einen auf alle nur denkbaren Arten fertigmachen. Einmal kam er zum Beispiel nach einer

Niederlage zum Training und sagte: »Ihr habt so schlecht gespielt, ich konnte die Nacht kaum schlafen. Weil ich leiden mußte, müßt ihr jetzt auch ein bißchen mehr leiden« – und dann hetzte er uns über den Platz, bis wir nur noch taumelten.

Spanien 1982 – WM mit Licht und Schatten

In diese extrem unbefriedigende Situation, in der auch wieder die Selbstzweifel in mir wuchsen, fiel die Vorbereitung für die Weltmeisterschaft in Spanien. In der Qualifikationsrunde hatten wir Glück. Mit Albanien, Finnland, Bulgarien und Österreich hatten wir relativ leichte Gegner. Wir verloren kein einziges Spiel in der Qualifikation, und einige Resultate waren sehr hoch wie das 8:0 gegen Albanien oder das 7:1 gegen Finnland. Ich war damals hundertprozentig sicher, daß wir Weltmeister werden würden, konnte mir gar nicht vorstellen, daß andere Mannschaften besser sein würden.

Bis zuletzt zitterte ich vor der Entscheidung des Trainers, ob ich mitgenommen würde oder nicht. Als dann die Nachricht kam, daß ich mit dabei war, fühlte ich mich schon als Weltmeister. Ich fuhr mit allen Hoffnungen und in der Überzeugung nach Spanien, daß es ein großartiges Erlebnis werden würde. Doch es kam ganz anders. In diesem Sinne war diese Weltmeisterschaft wie ein Lehrstück in Sachen rauhe Wirklichkeit für mich.

Gegen Algerien verloren wir 1:2 – Fußball-Deutschland war entsetzt.

Gleich das erste Spiel gegen Algerien verloren wir mit
1:2 – eine nationale Fußballkatastrophe! Für mich persönlich war es eigentlich gar nicht so schlimm. Ich war
jung, es war meine erste WM, und wir hatten halt ein
Match vergeigt. Ich fand damals die deutsche Arro-
ganz schlimmer, nicht nur die unter den Spielern.
Manche Journalisten taten fast so, als wäre es eine
Beleidigung, daß Deutschland überhaupt gegen so
einen Fußballzwerg aus der Dritten Welt hatte antreten müssen. Und auch den Hohn, mit dem sich die
Presse auf uns stürzte, konnte ich nicht verstehen. Ich
wurde zum erstenmal in meinem Leben zu so etwas
wie »dem häßlichen Deutschen« abgestempelt. Bis ins
Finale, in dem wir dann gegen Italien verloren, waren
wir die Buhmänner der WM.
Ich glaube, die Mannschaft war viel zu sorglos an die

Begegnung herangegangen. Wir dachten: Ach, bloß so eine lästige Pflichtübung auf dem Weg ins Finale. Doch auch die Mannschaftsführung und die Betreuer hatten sich im Hinblick auf dieses Spiel ziemlich unprofessionell verhalten. Es zeichnete sich nämlich schon damals ab, daß die Zeit der strikten Trennung in Spitzenmannschaften und den unbedeutenden Rest vorbei war: Bei so einem Turnier konnte jedes Team jedes Spiel gewinnen – und genau das erlebten wir gegen Algerien.

Weitere unerfreuliche Erfahrungen warteten in den Spielen gegen Frankreich und Österreich noch auf uns. Für mich persönlich kam die ewige Unsicherheit hinzu, ob ich nun spielen durfte oder nicht. Jupp Derwall legte sich bis zur letzten Minute nicht fest, und so rätselte ich immer hin und her.

Das wohl unangenehmste Spiel der WM war das gegen Österreich. Wir mußten damals gewinnen, und die Österreicher durften nicht zu hoch verlieren. Nach unserem ersten Tor verflachte das ganze Spiel dermaßen, daß die Zuschauer anfingen zu pfeifen und die Reporter uns später verdächtigten, von den Österreichern gekauft worden zu sein. An dem Bestechungsvorwurf ist kein Wort wahr, aber gespielt haben wir in der Tat wie die Rentner. Der Ball wurde im Mittelfeld hin- und hergeschoben, und es lief nichts mehr. Weiß Gott keine Ruhmestat.

Fehler der Spieler und Betreuer

Im Halbfinale gegen Frankreich passierte dann das Foul von Schumacher an Battiston. An sich war das Spiel ein Höhepunkt für mich, vielleicht das spannendste und dramatischste meiner ganzen Karriere. Wir lagen bereits 1:3 zurück und haben dann das Spiel im Elfmeterschießen noch gewonnen. Ich wurde damals bekannt durch ein bestimmtes Foto, auf dem ich Stielike nach seinem verschossenen Elfmeter tröstete. Das wurde zum Gegenbild des »häßlichen Deutschen« stilisiert, und ich erhielt sehr viel Sympathien für diese Geste.

Daß die Franzosen ihre Führung, die sie bis zirka eine Viertelstunde vor Schluß der Verlängerung behauptet hatten, dann noch einbüßten und ins Elfmeterschießen mußten – und das trotz solcher Stars wie Platini, Tigana und Giresse –, war erneut ein Zeichen ihrer so oft fehlenden mannschaftlichen Geschlossenheit und Disziplin – da konnte auch all das große Können der Individualisten nichts ändern.

Aber alles wurde durch Toni Schumachers schlimme Attacke überschattet. Ich stand mit beiden Spielern auf einer Höhe und sah das Foul. Auf dem Platz wirkte es erstaunlicherweise gar nicht so schlimm, erst später, als ich den Zusammenprall im Fernsehen sah, fuhr mir ein regelrechter Schreck in die Knochen. Wie Toni Schumacher sich in der Situation hätte richtiger verhalten sollen, ist im nachhinein schwer zu sagen. Nach dem Zusammenprall schien er für mich regelrecht unter Schock zu stehen und reagierte vollkommen unbegreiflich.

Schumacher nahm das alles dermaßen gleichmütig hin, daß er in den folgenden Spielen den ganzen Haß des Publikums und der Presse auf sich zog. Ich war damals zweiundzwanzig Jahre alt, Politik hatte mich nie interessiert, es gab nur den Fußball, meine Familie und ein paar Hobbys. Und dann wirst du plötzlich mit der Empörung einer ganzen Nation konfrontiert, bist nicht mehr der Littbarski, sondern der Deutsche, der in der Gegenwart schon allein deshalb so bösartig ist, weil er aus einem Land mit einer schrecklichen Geschichte stammt. Wir waren plötzlich die »Killer aus Deutschland«.

Aber anstatt das als eine Realität zu sehen, mit der man

Eins der besten und dramatischsten Spiele meiner Karriere: am 8. Juli 1982 in Sevilla gegen Frankreich 3:3 (nach Elfmeterschießen 5:4).

fertig werden muß, verfielen wir in eine Trotzhaltung und gaben nur den anderen die Schuld. Wir Spieler waren jung und unerfahren und verstanden nicht, was da auf uns zukam. Immer wieder sagten wir uns, daß »die anderen« mit Vorwürfen kämen, die doch nichts mit uns zu tun hätten. Hilflos und lächerlich standen wir da, und keiner aus dem ganzen Team konterte in einer intelligenten, ruhigen Art und Weise die Angriffe. Daß einer wie Schumacher, der sonst immer eine große Klappe hatte, sich so verschreckt zurückzog, das kapierte ich nicht. Die großen Manager und Trainer, die sonst so überlegen den Spielern gegenüber auftraten und bei jedem kritischen Wort aus den Reihen der Mannschaft auf ihre Autorität pochten und keine Widerrede duldeten, benahmen sich plötzlich wie die Anfänger.

Die Mannschaftsführung war völlig überfordert mit der Situation, und es rächte sich, daß nahezu alle Offiziellen mehr oder weniger Laien in Öffentlichkeitsarbeit waren.

Spieler äußerten in Interviews irgend etwas, ohne daß es vorher mit der Mannschaftsleitung besprochen worden war – oder sie sagten gar nichts. In dieser Hinsicht fehlte der Mannschaft jede Rückendeckung durch die Offiziellen, und das hatte ingesamt einen negativen Einfluß auf alle Spieler.

Wir begingen auch dumme Fehler: Einmal warfen die Masseure Wasserbeutel auf die Fans, die uns nach dem Spiel gegen Österreich belagerten, weil sie so unzufrieden waren. Das wurde natürlich wieder der Mannschaft angelastet.

Sicher versuchten alle, vom DFB-Präsidenten bis zum Zeugwart, ihre Arbeit so gut wie möglich zu machen, doch manchmal wirkte das alles ziemlich überorganisiert. Wir wußten genau, daß um halb elf morgens ein paar Brötchen bereitlagen, die Hälfte mit ungarischer Salami, die andere mit Emmentaler, und daß jeden Tag eine festgelegte Stunde fürs Postkartenschreiben zur Verfügung stand – aber auf die wirklichen Probleme war man nicht vorbereitet. Wir kamen uns oft vor wie im Kindergarten. Es fehlte nur noch, daß man uns daran erinnert hätte, aufs Klo zu gehen.

Man kann von jungen Spielern nicht erwarten, daß sie clever alle Angriffe von gewitzten Reportern abwehren, aber mit einer entsprechenden Professionalität von seiten der Betreuer hätte man wohl rechnen dürfen. Wenn Fragen des nationalen Selbstverständnisses und Vorurteile gegenüber Deutschen ein Problem werden könnten, dann muß man die Spieler darauf vorbereiten, man muß das ansprechen und nicht einfach beleidigt reagieren.

Wie soll man einem jungen, begeisterungsfähigen Spieler vermitteln, daß er aufgrund der Geschichte seines Landes und der damit verbundenen Empfindlichkeiten eigentlich nicht stolz auf seine Heimat sein sollte? Es ist ja absurd, wenn wir im Ausland spielen, und die holen auf den Stehplätzen die Hakenkreuzfahnen raus. Aber es ist halt so, das kann man als Spieler nur akzeptieren, und man muß vor und nach dem Spiel vorsichtig sein mit dem, was man sagt. Während des Spieles versucht man das

Mit Jupp Derwall bei einem Lehrgang vor der WM in Spanien 1982.

alles zu ignorieren, was nicht immer leichtfällt. Ein Spieler bekommt alles mit, was sich neben dem Rasen und auf den Rängen abspielt, jede Kleinigkeit. Jeder, der sagt, er sieht das nicht, er spielt einfach sein Spiel, ist nicht ehrlich. Alle Anfeuerungen und alle Buh-Rufe hört man, und sie beeinflussen einen auch. Ich kann einzelne Gesichter unter Tausenden Menschen ausmachen und registriere jede Kleinigkeit.

Dann kam das Finale. Ich erinnere mich noch, wie Horst Hrubesch während des Turniers sagte, er würde nach Hause fahren. Es ging immer darum, wer spielen sollte: Hrubesch oder Klaus Fischer. Und als Derwall sich dann für Fischer entschied, war Hrubesch stinksauer: »Ich weiß, daß Sie mich nicht leiden können«, schimpfte er. »Sie wollten ja schon 1980 nach dem Sieg in der EM nicht zusammen mit mir auf ein Foto mit dem Pokal.« So nachtragend können Profis sein. Derwall war ganz platt, daß Hrubesch mit so einer alten Geschichte ankam.

Jupp Derwall wollte allerdings in seiner väterlichen Art immer alle beschwichtigen, und man hatte stets das Gefühl, daß er Entscheidungen fürchtete. Er hatte nicht die Autorität oder Persönlichkeit wie später Franz Beckenbauer.

In der Nacht vor dem Endspiel konnte keiner von uns schlafen. Ich lag mit Klaus Fischer in einem Zimmer. Um Mitternacht haben wir uns angeguckt und mußten lachen. Beide waren wir hellwach, saßen auf dem Bett und wußten nicht, was wir tun sollten. An Schlaf war nicht zu denken. Ich rief den Eike Immel, der schlief auch nicht und war in fünf Minuten bei uns. Wir versuchten Poker zu spielen, aber die Angst, daß uns der Trainer erwischt, war dann doch zu groß, und wir verkrochen uns wieder ins Bett.

Im Finale haben wir dann gegen Italien verloren, und ich war eigentlich froh darüber. Nicht nur, daß die Italiener den eindeutig besten Fußball spielten, die hatten bereits Brasilien und Argentinien ausgeschaltet, und es wäre nicht fair gewesen, wenn wir trotz all der Probleme und Unsicherheiten am Ende noch gewonnen hätten. Es hatte eben nicht alles gestimmt.

Wir waren zu Recht die zweitbeste Mannschaft, ein Ergebnis, das unserem Können entsprach.

Für mich persönlich war die sportliche Bilanz meiner ersten Weltmeisterschaftsendrunde trotz aller Probleme, die wir als Mannschaft mit unserem Auftreten hatten, positiv – neben viel Schatten also auch Licht. In der Vorrunde gab ich die Flanke zum 1:0 gegen Österreich, im Achtelfinale gegen Spanien schoß ich das erste Tor und bereitete das zweite vor. Im Spiel gegen Frankreich, wohl ein Höhepunkt meiner Karriere schon an ihrem Beginn, bereitete ich zwei Tore vor, erzielte das erste selbst und verwandelte den wichtigen Elfmeter, nachdem Uli Stielike seinen verschossen hatte.

Das Abenteuer WM brachte mir also beim ersten Anlauf viel fußballerischen Erfolg, und auch die Stimmung in der Mannschaft war gut, vielleicht auch, weil der Druck von außen durch die viele massive Kritik so groß war.

Gemischte Gefühle

Zurück in Deutschland, wurden wir mit gemischten Gefühlen empfangen. Da war nicht viel Freude über den Vize-Weltmeister zu sehen, fast alle Kommentare fielen eher kritisch aus. Das Jahr nach der WM entwikkelte sich dann zu meinem ersten richtigen Katastrophenjahr. Nichts klappte mehr, ich war ausgelaugt von der WM und den Vorbereitungen auf die neue Saison, und die Probleme mit Rinus Michels machten alles noch schwieriger.

Es kam zu offenen Konfrontationen zwischen mir und dem Trainer. Er sagte einmal, er würde mir einen Ball zum Geburtstag schenken, damit ich immer etwas zu spielen hätte. Eigentlich war es Paul Breitner gewesen, der mich nach einem Länderspiel gegen Norwegen im Frühjahr 1982 ermutigt hatte, mich über Michels offen zu beschweren, und ich sagte damals, der Kerl sei einfach unmenschlich. Klaus Fischer unterstützte mich, und wir wurden vom Verein beide zu einer Strafe verdonnert. Ich mußte 2000 Mark bezahlen. Die Vereinsführung verlangte auch eine Entschuldigung. Fischer machte das auch sofort, ich weigerte mich allerdings. Daraufhin kam Michels zu mir und sagte: »Du schadest nicht dir oder mir, sondern nur der Mannschaft. Ich stell' dich einfach nicht mehr auf, und dann kriegt das Team Probleme in der Meisterschaft.«

Er kannte also keine Grenzen, wenn er jemanden fertigmachen wollte. Kurzfristig gesehen hat er auch immer gesiegt: Ich mußte mich entschuldigen. Aber auf lange Sicht gesehen verliert immer der Trainer, wenn er einen Krieg gegen die Spieler beginnt. Die können ja nicht alle ewig ausgetauscht werden, also tauscht man am Ende den Trainer aus.

Diese ganze Abstraferei mit Geldbußen und ähnlichem zeigt für mich nur die Hilflosigkeit der Verantwortlichen, denen am Ende nichts als die Geldstrafe oder die Verbannung auf die Ersatzbank oder Tribüne einfällt. Der Konflikt bleibt unter der Oberfläche auf jeden Fall bestehen und nimmt nur noch zu.

Trainer und Vereinsfunktionäre erzeugen auf diese Weise oft eine Grundschulatmosphäre, in der die Spieler nie erwachsen werden können – und den Vereinen ist das, glaube ich, sogar recht. Nur wenige Spieler standen dadrüber, Paul Breitner zum Beispiel oder Franz Beckenbauer. Die meisten bleiben jedoch in so einer Art spätpubertärer Phase hängen, wie zum Beispiel Lothar Matthäus, der immer wieder den trotzigen Jungen spielt und sich in der Rolle auch noch gefällt. Aber an sich ist den Spielern kein Vorwurf daraus zu machen. Die Atmosphäre ist eben nicht wie in einem Unternehmen, in dem es klare Aufgabenverteilungen und Verantwortlichkeiten gibt. Die Vereinsleitung sieht sich halt in der Rolle, einen Haufen Kinder zu disziplinieren.

Die Zeit von Rinus Michels ging jedenfalls eines Tages zu Ende, und am letzten Tag kam er noch einmal zur Mannschaft und hat sich verabschiedet. Damals errangen »Die Grünen« ihre ersten Erfolge, und kritische Spieler waren für ihn »grün«. Er hat jedem die Hand gedrückt und ihn dabei nicht etwa beim Namen genannt, sondern als Grünfärbung eingestuft, von hell bis dunkelgrün – je nach Protestverhalten. Natürlich sagte er zu mir: »Tschüs, Herr Dunkelgrün.« Und an uns alle gewandt: »Glück kann ich euch leider keins wünschen!« Dann ging er.

Vielleicht war es allerdings auch für den Verein nicht so ganz leicht, meine Veränderung zu akzeptieren. Die

Lehrzeit ging vorbei, ich wollte nicht mehr der kleine »Litti« sein, der immer die schwersten Koffer der Ausrüstung trägt und immer da war, wenn einer gebraucht wurde. Wenn auch der Altersabstand zu den älteren Spielern gleichblieb, mir paßte das Image des Underdogs nicht mehr, der immer alle Demütigungen lächelnd runterschluckt.

Unter Fußballern gibt es kaum solidarisches Verhalten, und es ist sehr schwer, einen Standpunkt mit Unterstützung aller durchzusetzen. Fußballer sind im allgemeinen Duckmäuser, auch wenn sie oft große Sprüche klopfen. Sie haben Panik vor Ungewißheiten und quälen sich mit Existenzängsten, weil ihnen fast immer die berufliche Absicherung fehlt. Man bezahlt sie und erwartet, daß sie Tore schießen. Wehe, sie machen den Mund auf und sagen, was ihnen nicht paßt, das wird dann sofort in Bezug zu ihrer Leistung gesetzt. Im Grunde genommen ein kindisches System, fast wie in der Schule: Ein guter Schüler darf sich ebenfalls hie und da mal eine Frechheit erlauben. Der schlechte Schüler wird, wenn er das Maul aufmacht, noch strenger beurteilt. So ist es auch im Fußball, so reagieren auch der Verein und die Presse auf den einzelnen.

Die Saison nach der Weltmeisterschaft fand dann im Juni 1983 doch noch einen versöhnlichen Abschluß. Wir gewannen das Pokalendspiel gegen Fortuna Köln, ich schoß das entscheidende 1:0. Nach dem Tor stürmte ich vor Freude auf Rinus Michels zu und fiel ihm um den Hals – alle Demütigungen, alle Schleiferei und Rücksichtslosigkeit waren in diesem Moment der

Der Torschütze des
siegbringenden
Treffers stemmt
den DFB-Pokal.

Freude, Begeisterung und Erleichterung vergessen.
Der Jubel über den einen entscheidenden Torerfolg
macht für einen Spieler einfach alles andere unwich-
tig – das gehört zum Fußball. Genauso wie die Pfiffe der
Mehrheit des Publikums nach dem Tor und unserem
Sieg. Man hatte den Außenseiter mit dem Pokal sehen
wollen, und so wurden die Begeisterung, die ich nach
dem Tor empfand, und der Stolz darauf schon gleich
wieder entwertet. Ich spürte trotz Tor und Sieg eine
richtige Leere und fragte mich, wozu der ganze Einsatz

und meine Leistung eigentlich gut gewesen waren. Und auch diese Ernüchterung gehört zum Fußball.

Auch dieser Sieg sollte also unserer Mannschaft kein Glück bringen. Fortuna, die Zwnitligamannschaft aus Köln, hatte die Sympathien der Zuschauer auf ihrer Seite, und die Zeitungen sprachen nach dem Spiel vom moralischen Sieger Fortuna. 60 000 Zuschauer lauerten damals im Stadion auf die Sensation, daß uns die Zweitligamannschaft schlagen würde, und waren enttäuscht, daß es anders kam.

Zur abendlichen Siegesfete erschien ein Großteil der Eingeladenen erst gar nicht, und die Fans protestierten auf dem Parkplatz, weil sie zur Feier nicht zugelassen wurden. Die ganze Stimmung war beschissen und typisch für dieses Fußballjahr.

Heute, gut zehn Jahre später, bewerte ich diese Monate anders. Der schnelle Erfolg, den ich als Achtzehnjähriger in Köln erlebte, konnte sich nicht immer noch steigern. Es kam zu ganz normalen Rückschlägen, nur fehlte jemand, der mir half, das in mein Leben einzuordnen. Ich hatte damals zum Beispiel Schwierigkeiten, mich zu beherrschen, wenn ich gefoult wurde.

Foul zu spielen ist immer eine Gratwanderung. Zum einen muß man sich durchsetzen oder behaupten, zum anderen darf man nie das Risiko für sich und andere aus den Augen verlieren. Ich selbst habe durchaus auch schwere Fouls begangen, und trotzdem konnte ich es nicht ertragen, selbst unfair attackiert zu werden. Es gibt leider Spieler, die keine Grenze kennen und alles tun, um einen zu stoppen oder sich an einem zu rächen – meist ist das keine Frage des spielerischen Vermögens, sondern des persönlichen Formats.

Oft stiegen mir Gegner nach, die ich ausgespielt hatte, und traten mir von hinten auf die Beine. Wenn ich dann voll Wut den Ball wegschoß, weil so etwas in einem Spiel Dutzende Male passiert war, bestrafte mich der Schiedsrichter mit einer gelben Karte.

Die Jahre zwischen der WM '82 und '86

Die Jahre zwischen der Fußball-WM '82 und der von '86 waren, fußballerisch gesehen, nicht meine besten. Meine körperliche Schwäche wurde immer wieder offenbar, und ernüchternd war für mich auch die unumgängliche Einsicht, daß man nicht sein Leben lang der Sonnyboy bleiben kann, den jeder gern hat. Ich hatte ganz neue Erlebnisse zu verdauen, ich wurde ausgewechselt und beim Abgang von den Zuschauern ausgepfiffen. Ich wurde nicht mehr in die Nationalmannschaft berufen und schoß im Verein immer weniger Tore.

Schlüsselerlebnis in diesen Jahren war das Spiel des FC gegen den VfB Stuttgart im März 1984. Wir führten bereits 2:0, aber die Stuttgarter glichen aus, und ich schoß gleich zu Beginn des Spieles bei einem Elfmeter dem Torwart in die Arme. Die Zuschauer pfiffen bei jedem Ballkontakt von mir, es war schrecklich.

Eine Viertelstunde vor dem Abpfiff nahm mich Hannes Löhr, der Nachfolger von Rinus Michels, aus der

Mannschaft. Er konnte wohl nicht mit ansehen, wie ich von den Zuschauern gedemütigt wurde. Danach gab er mir drei Tage trainingsfrei. Eine ungewöhnliche Entscheidung, über die sich auch einige Mitspieler, allen voran Toni Schumacher, aufregten. Aber Löhr hatte vor niemandem Angst, auch nicht vor Kritik in der Presse, die dann auch prompt kam. Wie kann man einem Spieler, der schlecht spielt, noch freigeben, anstatt ihn härter trainieren zu lassen? – so war ungefähr die Stimmung. Aber er stand dazu und wollte mir Zeit geben, langsam wieder zu meiner alten Form zu finden. Ich flüchtete damals aus Köln und fuhr zu meinem

Hannes Löhr – ein guter Trainer, aber kein guter Manager.

Freund Thomas Kroth nach Aschaffenburg. Ich wollte mit niemandem mehr sprechen, niemanden mehr sehen, mir war jede Frage eines Journalisten schon zuviel, und immer war ich in Gefahr, mich nur noch mehr aufzuregen.

Mein zweiter Fluchtweg war damals mein Besessensein von Computerspielen. Ich saß stundenlang vor dem Gerät und hatte für einen erwachsenen Mann eine irrwitzige Sammlung von Spielen. Mit den Punktelisten, die immer am Ende des jeweiligen Spiels das Resultat ausweisen, lag ich in einem beständigen Kampf und verzweifelte ein ums andere Mal, wenn mir nichts gelang. Es war schon beängstigend, wie ich mich in meinem Zimmer verkroch und nur noch für die Mattscheibe lebte.

Mir blies der negative Pressewind voll ins Gesicht, und das klang nicht mehr so freundlich wie noch drei Jahre zuvor, als sie mich als den Jungstar gefeiert hatten. Jetzt mußte ich lesen, daß der »Star« vielleicht nur eine »Sternschnuppe« war und von allen überschätzt worden war. Auch meine Mitspieler trugen ihr Teil zu meiner Demontage bei.

»Litti überlegt zuviel«, sagte Toni Schumacher in einem Interview und urteilte schulmeisterlich: »Wenn er nicht aufpaßt, geht er kaputt!«

Jeder wußte plötzlich, warum es nicht mehr so gut lief bei mir. Ich hatte das Gefühl, daß es vielen Spaß bereitete, bei dem schnell aufgestiegenen jungen Spieler mal die Bremsen zu ziehen.

Ausnahme war mein Trainer Hannes Löhr, der immer

an mich glaubte und mir einfach Zeit gab, wieder zu meinem Spiel zu finden. Das war auch die beste »Heilkur« für mich.

Aber dennoch schadete ich mir durch meine Verzweiflungsreaktionen auf mein schlechtes Spiel oft selbst. Dabei quälte mich meist mehr meine Unsicherheit, als daß ich konkret unter einem schwachen Spiel litt. Ich wußte, wenn ich auf den Platz lief, nie, was heute wieder passieren würde. Es konnte wunderbar laufen, jeder Trick konnte mir gelingen, und ein paar Tage später spielte ich wie der letzte Amateur. Es war stärker ein psychisches Versagen als ein Verlust an Technik oder schlechte Form.

Wie so oft im Leben, kam auch hier ein Problem nicht allein. Nachdem ich in der Klubmannschaft keine überzeugende Leistung bringen konnte, gab es natürlich auch keinen Stammplatz in der Nationalelf. Wirst du aber als einer, der in der U21 schon als Kapitän gespielt hat, dann plötzlich mal nicht eingeladen, dann empfindet man das als echten Tiefschlag. Das ist viel schlimmer, als für ein Bundesligaspiel nicht aufgestellt zu werden. Eine Berufung in die Nationalmannschaft ist ja so etwas wie ein Spiegelbild der Leistungen über einen längeren Zeitraum. Bleibt die Einladung aus, weißt du, daß es schon seit längerer Zeit nicht so richtig läuft.

Ich wurde im Zweikampf verkrampfter und aggressiver und mußte die Erfahrung machen, vom Platz gestellt zu werden – auch das war neu. Die erste rote Karte bekam ich auf einer Südamerikareise bei einem

Spiel in Honduras. Kurz darauf erwischte es mich bei einem Bundesligaspiel noch einmal. Auch andere waren überrascht: Der kleine »Litti«, immer fröhlich, immer freundlich, immer derjenige, der alles hinnimmt, schlägt plötzlich zurück. Auch das gehörte zu diesen Jahren, in denen ich viele Rückschläge verkraften mußte, die zum Teil jedoch auch sehr wichtig für meine Entwicklung waren.

Es war ein schwieriger Prozeß, erwachsen zu werden. Dazu gehörte, sich von falschen Freunden zu trennen. Einige der älteren Spieler versuchten mir immer das Gefühl zu vermitteln, daß ich als der Kleine sie brauchen würde, allen voran Schumacher, der mich zeitweise zu seinem Butler degradierte. In diesem Gefühl der Leere und der Einsamkeit hatte ich vor allem Angst. Ich hatte Angst während des Spieles, den Ball abzugeben, selbst zu schießen, an einem Gegner vorbeizuspielen und natürlich Montagmorgen die Zeitungen zu lesen.

Geholfen hat mir vor allem Hannes Löhr. Löhr behandelte uns von Anfang an ganz anders als Michels. Er war ein meisterhafter Psychologe und wußte bei jedem, wie er ihn anfassen mußte. Durch ihn fand ich langsam wieder zu meinem Selbstvertrauen zurück. Der erste Erfolg gelang mir dann zu Beginn des Jahres 1984 in Genf: Beim internationalen Hallenturnier schoß ich fünf der fünfzehn Tore der Kölner und wurde zum besten Spieler des Turniers gewählt.

Ausländische Vereine wurden auf mich aufmerksam, und es kam zu ersten Angeboten, vor allem aus Italien und Frankreich. Ich mußte mich entscheiden, entweder das große Geld im Ausland zu verdienen oder weiter in Köln zu spielen, ein geordnetes Zuhause und eine Umgebung zu haben, die mir seit Jahren vertraut war. So ein Auslandsvertrag ist eine zweischneidige Angelegenheit, wie alles, was viel Geld bringt. Nicht jeder ist dafür geeignet, in einem fremden Land, unter ganz neuen Bedingungen zu arbeiten. Da ist die fremde Sprache, die andere Mentalität, vielleicht Klima, Essen, andere Trainingsformen und Spielweisen.

Wir hatten damals schon unser Haus in Weilerswist, einem kleinen Ort, etwa eine halbe Stunde außerhalb von Köln. Ich steckte ein Vermögen in die Renovierung, und meine Familie und ich lebten dort sehr zurückgezogen. Unsere erste Tochter, sie kam 1982 zur Welt, konnte dort im eigenen Garten spielen und später direkt im Ort zur Schule gehen. Ich entschloß mich vorerst, in Köln zu bleiben. Ob das eine richtige Entscheidung war, ist heute schwer zu sagen. Mein Experiment mit Japan läuft hervorragend, hier fühl' ich mich genau so wohl wie in meiner Heimat Deutschland. Im Jahr 1986, nach der Fußball-WM in Mexiko, versuchte ich es in Frankreich, und das endete in einer Katastrophe. Man kann also nicht so ohne weiteres beurteilen, ob einer grundsätzlich für das Spiel in einem ausländischen Klub geeignet ist oder nicht.

Johan Cruyff zum Beispiel war erfolgreich, wo immer er spielte, und auch als Trainer in Barcelona setzte sich das fort. Er war ein Universalgenie, großartiger

Diego Maradona –
der Beste.

Individualist und hervorragender Mannschaftsspieler
zugleich. Das sind, glaube ich, die Voraussetzungen,
wenn man sich im Ausland durchsetzen will, man muß
vor allem das Gefühl für ein Team haben. Nur der
große Einzelstar zu sein, genügt nicht, das hat man
auch am Beispiel Maradona gesehen, der wahrscheinlich der beste Spieler aller Zeiten ist. Seine Technik,
seine Beweglichkeit und seine Geschmeidigkeit sind
unerreichbar, auch wenn er mit dickem Bauch spielt.
Ich habe mit Maradona nur einmal kurz gesprochen, er
ist immer sehr hektisch, sehr nervös, ständig überlegt

er, wo er jetzt wieder hin muß, und sein Tag scheint so ausgefüllt, daß keine Minute frei bleibt.

Wie es ihm am Ende in Italien ergangen ist, tut mir leid, aber man erlebt da auch die Schattenseiten unseres Geschäfts, wenn es einmal gewisse Dimensionen überschreitet. Die Summen, die für Maradona gezahlt wurden, sind nur noch schwer von einem Verein allein aufzubringen. Es springen dann Leute ein, die Geld geben und dann auch was dafür haben wollen.

In den Medien werden immer nur die großen Summen genannt, die wir bekommen, aber kaum einer beschreibt den Aufwand, der für uns damit verbunden ist. Niemand schenkt uns einen Pfennig, die Investoren wollen etwas für ihren Einsatz zurückkriegen. Das ist wie bei jedem anderen Geschäft. Vielleicht hatte ich in meiner Karriere nie die Möglichkeit, das wirklich große Geld zu verdienen, aber dafür konnte ich in Ruhe in meinem Dorf leben. Das war mir und meiner Familie sehr wichtig. Ich hatte wohl damals auch ein wenig Angst vor der großen Fußballwelt in Italien. Köln ist im Vergleich zu Mailand ein Dorf und hält dem Vergleich mit den großen Teams in Italien nicht stand. Mein Vertrag lief noch bis 1986, und ich entschloß mich trotz Einbußen beim Verdienst (verglichen mit den Möglichkeiten im Ausland), diesen Vertrag auch zu erfüllen.

Unsicherheit vor der WM

Zusätzlich zu all diesen Verunsicherungen kam es im Jahr 1986 noch zur ersten großen Verletzung in meiner Laufbahn. Am 8. März zog ich mir einen dreifachen Bänderriß am linken Fuß zu. Ich hatte bisher das Glück gehabt, nie richtig verletzt worden zu sein, und deshalb war diese Unterbrechung ein Schock für mich.

Mir haben Verletzungen immer sehr zugesetzt, mich peinigte dann die Angst, ob ich wieder gesund werden, aber auch, ob man schon bald einen anderen auf meinen Stammplatz stellen würde. Wenn so etwas zum erstenmal passiert, wird einem schlagartig klar, an was für einem dünnen Faden die ganze Fußballerexistenz

Zum erstenmal mit einer schweren Verletzung.

108

hängt – ein falscher Tritt, und alles kann vorbei sein. Da helfen auch die besten Versicherungen nichts. Die Bundesligaspieler sind fast alle bei Lloyds versichert und schließen oft noch eine eigene private Versicherung ab – aber vor dem Nichts, in das man nach einer schweren Verletzung fällt, schützt das auch nicht. Langwierige Verletzungen sind auch deshalb ein großes Problem, weil der Profi, der ja sonst fast mehr mit der Mannschaft als mit der eigenen Familie zusammen ist, nun auf einmal wochenlang zu Hause ist, mal abgesehen von den Rehabilitationsmaßnahmen. Die Familie hat sich darauf eingestellt, daß der Vater oft nur ein, zwei Tage in der Woche da ist, was sicher auch nicht einfach ist. Aber nun hockt der frustriert und verängstigt zu Hause rum und mischt sich in alles mögliche ein, was sonst ohne ihn läuft. Das kann für alle sehr nervig sein.

Ich wollte jedenfalls nach dem Bänderriß möglichst rasch wieder fit sein und stand schon sechs Wochen später wieder in der Mannschaft. Nach so kurzer Zeit schon wieder auf dem Platz zu sein, war sehr ungewöhnlich, und meine Rückkehr auf das Spielfeld fand noch unter besonderen Bedingungen statt. Es ging in meinem ersten Spiel gegen den VfL Bochum um eine Vorentscheidung im Abstiegskampf. Ich trainierte am Freitag zum erstenmal wieder richtig mit, stand am Samstag auf dem Rasen und erzielte gleich zwei sehr wichtige Tore.

Das hat übrigens eine gewisse Parallele zu meinem letzten Heimspiel für den FC in der Saison 1992/93, als

Vor der WM 1986 – beim Training in Malente mit Jürgen Kohler und Franz Beckenbauer.

es gegen Nürnberg wieder gegen den Abstieg ging – auch dort gelangen mir zwei Tore.

Nachdem mein Wiedereinstieg so gut geklappt hatte, hatte ich jedenfalls das Gefühl, alles sei wieder in Ordnung.

Doch in diesem Jahr entschied sich auch, wer zur Weltmeisterschaft nach Mexiko fuhr, und meine Berufung war alles andere als sicher. Ich hatte noch das Schicksal von Hansi Müller und Karl-Heinz Rummenigge im Kopf, die 1982 verletzt zur WM nach Spanien kamen und dort ständig vom Arzt behandelt werden mußten. Das wollte ich mir ersparen, denn wenn man einmal zur WM mitgefahren ist, dann möchte man auch unbedingt spielen. Nichts ist deprimierender, als bei einer Fußballweltmeisterschaft auf der Bank zu sitzen.

Es war bis zuletzt nicht sicher, ob mich der damalige Teamchef Beckenbauer in den Kader aufnehmen würde. Er trieb ein seltsames Spiel mit mir: Mal lobte er mich, dann wieder äußerte er sich enttäuscht und gab in aller Öffentlichkeit bekannt, er müsse auf mich verzichten, ohne vorher mit mir darüber gesprochen zu haben. Beckenbauer war damals nicht der souveräne Feldherr, als der er heute gern auftritt. Er war jung und hatte größte Probleme mit seiner Aufgabe.

Kurioserweise habe ich mir damals meinen Platz im Nationalteam mit einer roten Karte verdient. Nach einem UEFA-Cupspiel in Prag kritisierte der damalige Teamchef Franz Beckenbauer mich, daß ich mich neunzig Minuten lang von einem jungen Spieler auf die unfairste Art hatte attackieren lassen. Er verstehe nicht, warum ich nicht zurückgeschlagen und mich gewehrt habe.

Als ich dann bei dem Spiel in Honduras den ersten Platzverweis erhielt, war er, glaube ich, der einzige, den dieses Foul begeisterte. Er erklärte, diese Härte sei ein wichtiger Grund, warum ich doch wieder in die Mannschaft aufgenommen werden könnte. Könnte, wohlgemerkt. Absurde Begründung einer möglichen Entscheidung. So ging das damals hin und her mit mir. Für die einen lieferten meine Leistungen das Argument, daß man auf mich nicht verzichten könnte. Wie nach dem Rückspiel gegen Lissabon im UEFA-Cup, als ich das entscheidende Tor mit einem Freistoß aus zweiundzwanzig Metern schoß und uns damit den Einzug ins Halbfinale sicherte. Die anderen bezeichneten dies als einen der typischen Glücksfälle bei einem Spieler, der zwar das Talent und die Technik habe, jedoch keine konstante Leistung bringen könnte.

Im April 1986 spielten wir im UEFA-Cup-Finale gegen Real Madrid. Daß wir soweit gekommen waren, war für uns Kölner, die wir in der Meisterschaft und im Pokal nicht mehr an der Spitze mitmischten, ein schöner Erfolg. Die Leistung, die wir dort boten, war weniger schön.

Das erste Spiel in Madrid verlief für uns sehr unglücklich bzw. wir verloren es an sich durch eigene Fehler unnötig hoch – mit 1:5. Noch zehn Minuten vor Schluß hatte es nur 1:3 gestanden, bis wir dann durch eine falsche Auswechslung und Leichtsinnsfehler der Abwehr noch zwei Tore fingen. Der Angriff hatte gar nicht schlecht gespielt, und für einen Stürmer ist es doppelt hart, wenn seine Leistung durch Fehler in einem anderen Mannschaftsteil, hier die Abwehr, zunichte gemacht wird. Ich wurde von Trainer Keßler eine Viertelstunde vor Spielende rausgenommen, und ich glaube, auch dadurch ging der Zusammenhalt verloren, und wir kassierten, da wir den Ball nun zu selten selbst kontrollieren konnten, noch die zwei Treffer. Eine Fehlentscheidung des Ordnungsfanatikers Georg Keßler, von dem Toni Schumacher einmal gesagt hatte, er würde am liebsten sogar noch für die Fliegen im FC-Vereinsheim einen Flugplan aufstellen. Nehmen wir mal an, wir hätten nur 1:3 verloren, dann hätte das 2:0 aus dem zweiten Finale sogar zum Gesamtsieg gereicht und dem FC den größten internationalen Erfolg seiner Vereinsgeschichte beschert.

Der wurde aber auch durch ganz andere »Freunde« des Vereins verhindert. Eine Gruppe von Fans hatte beim Halbfinale in Waregem randaliert, und die UEFA hatte dann entschieden, das Rückspiel von Köln nach Berlin, auf neutralen Platz, zu verlegen. Die ganze Geschichte war leider wieder einmal ein Beispiel dafür, wie das gedankenlose Verhalten von ein paar Dummköpfen einen Verein viel Geld kosten kann. Hätten wir in Köln gespielt, wäre das Stadion vollgewesen, das hätte erstmal zwei Millionen Mark Einnahme bedeutet. Außerdem wäre es uns vor heimischem Publikum vielleicht gelungen, die Niederlage aus Madrid wettzumachen und sogar den Pokal zu gewinnen.

Fans können auch auf diese Weise im Fußballgeschäft viel bewirken und den Verein in Situationen bringen, auf die er selbst praktisch keinen Einfluß hat – und ihm kurz- und langfristig großen Schaden zufügen.

In Berlin spielten wir dann vor einer eher traurigen Kulisse von nur zweiundzwanzigtausend Zuschauern und hatten keine Chance, den großen Rückstand aufzuholen. Wir waren extra vorher noch mit dem Bus durch die Stadt gefahren, um die Berliner dazu zu bewegen, ins Stadion zu kommen, aber das hatte nicht viel genützt.

Ich war mittlerweile bald acht Jahre lang in Köln und selbst Mitte zwanzig. Ich fühlte mich irgendwie unzufrieden – so konnte es nicht weitergehen. Ich sah nur noch halbe Sachen: Ich wurde zu dieser Zeit nur noch sporadisch in die Nationalelf berufen, meine Position in Köln war in Ordnung, aber auch dort war ich kein Mann an der Spitze, als Spielmacher wollte mich niemand einsetzen. Offenbar traute mir das keiner zu. Mein Einkommen war zwar gut, lag aber auch nicht so hoch wie das vieler meiner Kollegen in anderen Bundesligavereinen oder gar im Ausland.

Ich hatte ein Alter erreicht, in dem man sich umschaut und erkennt, daß man schon lange nicht mehr der junge Spieler ist, den alle bewundern, und daß einige, die gleichzeitig mit dir begonnen haben, schon ein paar entscheidende Schritte weiter sind.

Da ich in Deutschland keine Chance sah, meine Situation entscheidend zu verbessern, begann ich mich ernsthaft mit Angeboten aus dem Ausland zu beschäftigen. Eines erschien besonders attraktiv, das des französischen Klubs Racing Paris, der gerade in die erste französische Liga aufgestiegen war.

WM '86 – nur Reserve

Doch vorher nahm ich an der WM in Mexiko teil, die für mich unbefriedigender verlief als die in Spanien. Ich hatte die Rolle des Jokers, der sehr selten eingesetzt wurde, und auch beim Endspiel, das wir 2:3 gegen

Argentinien verloren, war ich nicht dabei. Es gibt nichts Frustrierenderes, als ein schlechtes Spiel der eigenen Mannschaft von der Seitenlinie aus mit ansehen zu müssen. Man beobachtet den Spieler, der auf der Position steht, die man selbst sonst besetzt, und es bringt einen fast um, die Fehler und ungenutzten Chancen miterleben zu müssen.

Für mich persönlich begann die WM gleich mit einem Tiefschlag. Während des UEFA-Cup-Finales krachte ich mit Hugo Sanchez von Real zusammen. Ein sehr unsauberer Spieler, vor dem viele Angst hatten, weil er oft brutal einstieg. Sanchez ist Mexikaner. Schon bei der ersten Pressekonferenz in Mexiko sprachen mich die Journalisten darauf an, wie ich dazu stehen würde, daß Sanchez durch mein Foul nun gehandikapt sei und die ersten Spiele der WM nicht bestreiten könne.

Und erneut rächte sich die Naivität des DFB, auf einen PR-Spezialisten zu verzichten. Die Journalisten quälten mich, aber nicht nur mich, sondern auch alle anderen, eingeschlossen Franz Beckenbauer, der noch nicht lange Teamchef war und ziemlich ungeschickt mit den Presseleuten umging. Er geriet immer wieder mit einzelnen Reportern in Konflikt, und das übertrug sich auf die Stimmung im ganzen Team.

Wir hatten ein idiotisches Quartier, das über einen Garten mit den Unterkünften der Journalisten verbunden war. Wer immer das ausgesucht hatte, hat uns Spielern keinen guten Dienst damit erwiesen. In der Mitte zwischen den beiden Wohnbereichen führte ein

Kiesweg entlang. Es galt als ausgemacht, daß kein Journalist diese »Grenze« überschreiten dürfe, eine Kindergartenentscheidung. Die Zeitungsleute tricksten uns so aus, wie wir mit ihnen verfahren wären, wenn sie gegen uns auf dem Spielfeld gestanden hätten. Keiner war ihnen gewachsen, schon gar nicht Beckenbauer.

An allen Ausgängen unseres Hotels stand ein Reporter der größten deutschen Boulevardzeitung und überwachte jeden unserer Schritte. Der schrieb noch den kleinsten Satz auf, den man vielleicht auf dem Weg zum Klo zu einem Mitspieler sagte – und am nächsten Tag fand er sich in der Zeitung wieder. Wir sind denen oft regelrecht ins Messer gelaufen. Die Reporter machten sich einen Spaß daraus, genau zu beobachten, wann einer abends aufs Zimmer ging, und fehlte jemand, gab's sofort bissige Kommentare. Die Journalisten praktisch gemeinsam mit uns einzuquartieren, die Ehefrauen der Spieler aber aus dem Hotel zu verbannen, das entsprach leider dieser typischen Internatsmentalität der DFB-Funktionäre. Jedenfalls ging nach meinem Eindruck die Hälfte der Zeit bei der WM damit drauf, Interviews zu geben und falsch wiedergegebene Interviews zu korrigieren, und dann gab's wieder Entgegnungen und Richtigstellungen und so fort. Es war grausam.

Eine Nationalmannschaft, aber auch die einzelnen Bundesligamannschaften sollten gegenüber der Öffentlichkeit mit so viel Engagement vertreten werden wie auch andere Institutionen oder Persönlichkeiten des öffentlichen Lebens. Ich will Fußballprofis in ihrer Bedeutung nicht mit Politikern vergleichen, aber die Sportseiten in einer Zeitung sind oft genau so umfangreich wie die über Wirtschaft und Politik. Also gibt es dieses öffentliche Interesse, und entsprechend wichtig sollte ein Verein und natürlich vor allem auch der DFB die Öffentlichkeitsarbeit nehmen.

Mehr durch Zufall erreichten wir das Viertelfinale, mit einem einzigen Sieg gegen Schottland, und der fiel mit 2:1 noch recht knapp aus. Schon in der Vorrunde verloren wir gegen Dänemark und erkämpften nur ein Unentschieden gegen Uruguay.

Gegen Dänemark hatte ich es mit einem der interessantesten Spieler zu tun, dem ich während meiner Laufbahn begegnet bin. Morten Olsen hieß der dänische Libero, und ich bewunderte von Anfang an seine Spielweise. (Er wurde von den Journalisten übrigens nach dem Ende des Turniers zum besten Libero der WM gewählt.) Nach meiner Rückkehr aus Paris, als ich froh war, in Köln wieder einen Platz zu finden, spielte ich mit Olsen in einer Mannschaft. Er war schon während der WM in Mexiko der perfekte Libero. Ein asketischer, sehr bescheidener Mensch mit einer phänomenalen Technik und einem exzellenten Mannschaftsspiel. Nachdem mein erstes großes Idol Cruyff nicht mehr aktiv war, wurde Morten Olsen mein Vorbild und später in Köln auch zu meinem wichtigsten Mannschaftskameraden, durch den ich selbst auch in die Rolle des Spielmachers hineinwachsen konnte.

Er war der Kamerad, den ich immer gesucht und den ich gerne in meinen Jugendjahren in Köln an meiner Seite gehabt hätte. Denn Vorbilder in menschlicher Hinsicht, starke Persönlichkeiten, die ihre Kraft dafür einsetzten, anderen eine Stütze zu sein, waren damals nicht zu finden. Vielleicht sind das Eigenschaften, die unter Deutschen nicht sonderlich verbreitet sind. Jedenfalls war Olsen besonders auch wegen seines persönlichen Formats, das zu seinen fußballerischen Fähigkeiten noch hinzukam, ein Leitbild.

Im Viertelfinale der Weltmeisterschaft besiegten wir Mexiko erst im Elfmeterschießen nach einem 0:0. Sanchez war übrigens wieder mit dabei, und Franz Beckenbauer wechselte mich in der Verlängerung ein, als absehbar war, daß es ein Elfmeterschießen geben würde, weil ich als sicherer Schütze galt. Ich verwandelte dann auch den für unseren Sieg entscheidenden letzten Elfer.

Wir steigerten uns im Halbfinale mit einem 2:0 gegen Frankreich und verloren dann das Endspiel gegen Argentinien. Das Halbfinale und das Finale erlebte ich nur von der Bank aus und war darüber stinksauer.

Nicht nur mit der Presse gab's während dieser WM großen Wirbel, auch die Streitigkeiten untereinander störten das notwendige Teamwork auf dem Platz. Es ging schon damit los, daß Rummenigge, Völler und ich verletzt anreisten. Karl-Heinz ließ sogar noch seinen eigenen Masseur einfliegen und wurde Tag und Nacht behandelt und für die Spiele fitgemacht. Er hatte immer einen völlig geschwollenen Oberschenkel, das sah schrecklich aus.

Dann gab es den Krach zwischen Schumacher und Stein. Schumacher durfte ständig spielen, Stein wollte, aber Beckenbauer ließ ihn nicht. Die Mannschaft spaltete sich in drei Gruppen auf: den Bayern-Block, den aus Hamburg und als dritte Gruppe die Kölner. Jede gemeinsame Mahlzeit wurde zum Horrortrip, weil die drei Spielergruppen zusammenhockten und keiner mit dem anderen sprach. Dann gerieten auch noch Rummenigge und Schumacher aneinander, und erst ein Vermittlungsgespräch mit Egidius Braun, dem heutigen DFB-Präsidenten, hat die Wogen einigermaßen geglättet. Mich hatten sie ersucht, bei dem Gespräch dabeizusein und zu helfen, da ich mit Rummenigge und Schumacher gut befreundet war. Schumacher hatte sogar damit gedroht, nach Hause zu fahren.

Heute sehe ich all diese zum Teil kindischen Streitereien als Ausdruck einer großen Schwäche in der damaligen Betreuung. Wenn die Mannschaftsführung versagt und ein Machtvakuum entsteht, stoßen da immer gleich einige Spieler hinein. Das ist die Stunde der Vorlauten und Aggressiven, die plötzlich ihre Chancen sehen, zu so etwas wie einem Ko-Trainer zu avancieren – bei dieser WM vor allem Rummenigge, Schumacher und Stein.

Mit einer offen ausgesprochenen, eindeutigen Entscheidung hätte es die ganzen Querelen nicht gegeben. Teamchef war Franz Beckenbauer, und seine Worte hätten in dieser Situation Gesetz sein müssen.

Bei der WM in Mexiko mit Lothar Matthäus und einem unverkennbar einheimischen Fan.

Es ist halt so im Leben: Wenn eine Gruppe normalerweise sehr autoritär geführt wird, flippt sie aus, wenn der Druck nachläßt. Im Fußball ist das besonders ausgeprägt, da arbeiten ja nicht Individualisten zusammen, die zur Selbständigkeit angehalten worden sind, eher im Gegenteil: In einem WM-Quartier wird den Spielern jedes Stück Klopapier vorbereitet, jeder Satz vorgesprochen, nichts sollen sie selbst entscheiden oder überlegen. Wenn jetzt ein schwacher Trainer diesen Druck nicht ausüben oder durchhalten kann oder wenn es zu einem Kompetenzwirrwarr unter den leitenden Funktionären kommt, sehen die frechsten Spieler ihre Chance gekommen und versuchen, das Ruder zu übernehmen.

Grundsätzlich mag man sich noch so sehr über die Entscheidung des Trainers ärgern – das tut man am besten auf seinem Zimmer, wo niemand zuhört. Dies zu erreichen, liegt auch in der Verantwortung des Teamchefs, der dafür seine Autorität in die Waagschale werfen muß. Und da hatte Beckenbauer 1986 einiges dazuzulernen. Erst 1990 gelang ihm das hundertprozentig.

Jedenfalls kam ich 1986 wie schon 1982 als Vize-Weltmeister nach Hause, und obwohl ich im Finale nicht eingesetzt worden war und wir verloren hatten, stand eine riesige Menschenmenge vor meinem Haus in Weilerswist, und sogar eine Blaskapelle erwartete mich. Ich zog mich in mein Dorf zurück und vergaß schnell, was in Mexiko passiert war. Sich wieder in den Familienalltag hineinzufinden, dauerte nicht lang. Denn ein Profi ist auch ohne große Turniere oft unterwegs. Ich war zum Beispiel 1986 zweihundertfünfzig Tage von zu Hause fort, da bleibt kaum Zeit für die Familie. Und ich bin noch der Typ, der nach den Spielen immer nach Hause fährt und nicht in die Disco oder zu anderen Treffen geht. Trotzdem war ich inzwischen sehr selten zu Hause.

Vor allem die Kinder leiden oft regelrecht unter der Popularität des Vaters. Meine Tochter wurde im Sport später sehr ehrgeizig, eine gute Judo-Kämpferin, und wollte dem Vater, so habe ich's empfunden, damit immer auch zeigen, daß sie sportlich mit ihm mithalten konnte.

Mir tut es bis heute weh, daß wir kaum einmal ein unbelastetes Familienleben führen konnten und daß ich durch meinen Erfolg immer vorgegeben habe, was weiter zu geschehen hatte.

Ich erinnere mich noch an ein Erlebnis, bei dem ich mit meiner Tochter in einem Restaurant saß und einige Kinder an unseren Tisch kamen und mich um ein Autogramm baten. »Papa, eigentlich wäre es viel schöner, wenn dich keiner erkennen würde«, sagte sie zu mir. Ich spürte darin den Stolz auf den bekannten Vater, aber auch, daß sie gerade unter dieser Popularität litt.

Damals war ich immer sehr geschmeichelt, wenn mich jemand in der Öffentlichkeit erkannte, und dachte nicht groß darüber nach, wie es meiner Tochter damit ging. Mittlerweile bin ich im Kontakt zu den Fans sicherer geworden, kann besser auf Distanz gehen und würde meine Kinder gar nicht mehr erst in eine solche Situation bringen.

Unsere Tochter war inzwischen vier Jahre alt, meine Schwiegereltern besuchten uns oft aus Berlin, und unser Leben hätte wahrscheinlich noch Jahre so weitergehen können, wenn meine Enttäuschung über die letzten zwei Jahre mich nicht dazu gebracht hätte, endlich einmal etwas ganz Neues anzupacken.

Familie Littbarski im Frühjahr 1989: links Denise, sechs Jahre, rechts Michelle, zwei Jahre.

Paris –
Intermezzo mit wechselhaften Folgen

Im Trikot von Racing Paris.

Nach der WM 1986 in Mexiko wollte ich nur noch weg. Ich war unzufrieden mit meiner Leistung und hatte keinen Spaß mehr daran, in den deutschen Stadien zu spielen, die ich seit bald zehn Jahren in- und auswendig kannte. Die Veränderung zu einem ausländischen Verein sollte mir die Spielfreude wiederbringen, die ich als für den Erfolg notwendig ansah. So dachte ich mir das alles zumindest.

Das einzig wirklich interessante Angebot kam von einem französischen Verein, Racing Paris, einem Erstliga-Aufsteiger, der vom französischen Industriellen Lagardére gesponsert wurde. Der Matra-Chef Jean-Luc Lagardére war schon in den Jahren zuvor im Motorrennsport als Finanzier erfolgreich gewesen, und er dachte sich offensichtlich, wenn man ein paar bekannte Namen auf dem internationalen Spielermarkt erwirbt, wird daraus eine Klassemannschaft. Er hatte sich vorgenommen, schon im ersten Jahr mit seinem neuen Team zwischen dem ersten und sechsten Tabellenplatz zu landen.

Ich war damals nach all den Jahren in Köln auch mit den finanziellen Bedingungen nicht mehr so zufrieden. Mehr als einmal hatte ich erlebt, daß Karl-Heinz Thielen eine von ihm oft benutzte Taktik auch bei mir anwandte. Er verhandelte immer dann mit mir über eine Gehaltserhöhung oder Vertragsverlängerung, wenn ich schlecht in Form oder die Mannschaft in einem Tief steckte. Auf diese Weise hatte er mich drei Jahre lang ziemlich drücken können. Eine seltsame Methode, einem jungen Spieler ein paar tausend Mark weniger zukommen zu lassen, während man gleichzeitig Hunderttausende für vermeintliche Stars ausgibt.

Ich war immer viel zu gutmütig und habe mich oft linken lassen. Wenn die Leute aus der Vereinsleitung sagten: »Du, es geht uns im Moment nicht so gut«, dann habe ich eben nicht auf stur geschaltet, sondern bin einen Kompromiß eingegangen, der mich oft eine Menge Geld gekostet hat.

Wie in vielen anderen Berufen auch, sind für Fußballer die Verdienstmöglichkeiten sehr unterschiedlich und haben oft nicht viel mit der konkreten Leistungsfähigkeit zu tun. Der Zeitpunkt des Vertragsabschlusses ist sehr wichtig: ob es der »Firma«, sprich dem Verein, wirtschaftlich gerade gutgeht, ob er um einen Spitzenplatz oder gegen den Abstieg kämpft. Die aktuelle Form des Spielers ist bedeutsam wie die Frage, ob er eine wichtige Stütze der Mannschaft oder sogar unersetzlich ist.

Ich habe als Achtzehnjähriger mit zirka viertausend Mark im Monat begonnen, das stieg dann am Ende des ersten Jahres um zweitausend, am Ende des zweiten um viertausend an. Für einen Zwanzigjährigen, zumal Anfang der achtziger Jahre, natürlich sehr viel Geld, obwohl man gerade im Fußball nicht vergessen darf, daß die Leistungen oft nichts mit dem Alter zu tun haben. Es kann also durchaus sein, daß ein Spieler mit einem Jahresgehalt von hunderttausend Mark wesentlich mehr für die Mannschaft tut als einer mit fünfhunderttausend Mark Einkommen.

Das Gehalt war damals viel stärker als heute an die Anzahl der Einsätze geknüpft. Wir mußten uns unser Geld regelrecht erkämpfen, jedes Spiel hat einem zusätzliche Einnahmen gebracht. Das hat natürlich einerseits die Sorge immer noch verstärkt, ob der Trainer einen nun aufstellt oder nicht, andererseits empfand ich das schon als leistungsfördernd.

Die Prämien für die einzelnen Einsätze, für bestimmte Plazierungen, Siege usw. waren damals so hoch, daß sich das Grundgehalt praktisch verdoppeln ließ. Heute bekommen auch sehr junge Spieler oft gleich sehr hohe Fixgehälter, egal, ob sie spielen oder nicht. Es ist schon fast Mode geworden, junge Talente fest an den Verein zu binden, da herrscht so etwas wie eine Bunkermentalität: Man baut sich einen richtigen Verteidigungsring aus Spielern auf, die man irgendwann einmal zu brauchen glaubt; meist wird das dann noch durch die Angst verstärkt, ein anderer Verein könnte einem ein junges Talent wegschnappen.

So fesselt sich der Verein oft selbst auf Jahre an junge Spieler, die dann nicht die erwartete Leistung bringen. Um die jungen Spieler, zum Beispiel aus der A-Jugend, entwickelt sich eine richtige Pokerstimmung, und so schaukeln sich die Festgehälter in die Höhe. Damals wie heute haben natürlich die älteren Spieler immer darüber gemeckert, daß die jungen viel zuviel verdienen.

Bei mir stieg das Gehalt über all die Jahre meiner Vereinszugehörigkeit stetig, aber nie explosiv an, und bevor ich nach Japan wechselte, lag ich, mit Prämien und Werbeeinnahmen, bei zirka 600 000 Mark im Jahr. Aber erst einmal kam Paris. Im Sommer 1986, nach der Rückkehr von der WM, fuhr ich mit meiner Familie nach Frankreich, um das neue Leben im Ausland zu beginnen. Ich war inzwischen sechsundzwanzig, meine Frau erwartete unser zweites Kind, und rein intuitiv glaubte ich daran, daß jetzt der richtige Zeitpunkt für einen Wechsel ins Ausland gekommen sei.

Vermittelt hatte den Transfer der Trainer meines neuen Vereins, Silvester Takac, der zwei Jahre lang Assistent bei Rinus Michels in Köln gewesen war. Er sprach auch ein wenig deutsch.

Das Angebot von Racing war großzügig. Zusätzlich zu meinem Gehalt mußte jedoch noch eine Ablöse von 2,75 Millionen Mark an Köln gezahlt werden. Von Anfang an stand fest, daß Racing Paris noch einen zweiten Ausländer neben mir einkaufen würde. Sie entschieden sich für Enzo Francescoli, einen großartigen Spieler, der als der Maradona von Uruguay galt. Da zwei Ausländer pro Mannschaft erlaubt waren, sah alles bestens für mich aus, und ich freute mich auf die neue Aufgabe.

Doch wenige Tage vor meinem »Arbeitsbeginn« traf mich der erste Schock. Der Verein kaufte noch einen Ausländer ein, Ruben Paz, auch er aus Uruguay. So begann mein Frankreich-Abenteuer gleich mit der ständigen Angst und dem Kampf darum, wer nun spielen durfte – und wer nicht. Im Team gab es noch einen Spieler aus Uruguay, der einen französischen Paß hatte, und die drei hielten zusammen wie Pech und Schwefel. Ich war von Beginn an ohne Chancen. Hätte ich gewußt, daß man drei Ausländer engagieren wollte, wäre ich gar nicht erst gewechselt.

Weitere Probleme kamen hinzu: Wir wohnten vorerst in einem Hotel. Für meine Frau war es angesichts der Schwangerschaft nicht einfach, und unsere vierjährige Tochter vermißte ihre gewohnte Umgebung. Sie lebte sonst in einem großen Haus mit Garten, und nun mußte sie im Hotel hocken. Wir fanden später ein Haus in Le Vésinet, einem Vorort von Paris. Dort ging es ein wenig besser. Richtig wohl hat sich unsere ganze Familie jedoch in Frankreich nie gefühlt.

Die ersten Spiele mit meinem neuen Verein liefen eher mies. Ich will hier gar nichts beschönigen, es war sicherlich insgesamt eine schwierige Zeit, aber auch ich selbst spielte nicht optimal. Ich erzielte keine Tore, mir gelangen die Freistöße nicht so wie früher, und aus meiner Dribbelkunst wurde Stolperei. Nichts ging mehr. Doch nicht nur mein Spiel enttäuschte, auch bei den anderen klappte kaum etwas. Wir verloren ein Spiel nach dem anderen, und von einem Kampf um die ersten Plätze war keine Rede mehr.

Der Vereinspräsident, der etwa fünfzig Millionen Mark in den Verein investiert hatte, wurde nervös. Er feuerte den Trainer, den Manager und den sportlichen Direktor, die drei, mit denen ich verhandelt hatte. Es kamen neue Gesichter, doch besser wurde es nicht.

Über Monate hinweg setzte sich meine Pechsträhne fort, es ging konstant bergab. Ich mußte in der Zweitligamannschaft spielen, meine Familie kehrte nach Köln zurück, weil meine Frau das Baby nicht in Frankreich bekommen wollte, ich war monatelang allein und regelrecht verzweifelt. Ich war so einsam in Paris, daß ich einmal spontan nach Köln fuhr, überraschend im Trainingszentrum des FC auftauchte und dort mittrainierte. In Paris entwickelte sich inzwischen alles nur noch schlechter. Der Verein hatte die Absicht, aus mir schnellstmöglich einen »Franzosen« zu machen. Niemand durfte mit mir deutsch sprechen, ich sollte mich, so rasch es ging, eingewöhnen. Als ich dann mehrere Male meine Familie in Köln besuchte, vor allem um mich um meine schwangere Frau zu kümmern, warf man mir das vor, so, als wollte ich nicht in Frankreich sein.

Dieser Druck, der im Verein auf mich ausgeübt wurde, wurde auch in die Presse getragen; so entstand aus dem Klub heraus eine Stimmung gegen mich auch unter den Fußballinteressierten und den Fans. Die Vereinsfunktionäre waren sich offenbar der Folgen ihrer Äußerungen, gerade gegen einen deutschen Spieler, nicht bewußt. Jedenfalls führte ihr Verhalten dazu, daß eines Tages an der Außenwand meines Hauses ein überdimensionales Hakenkreuz prangte, es war offenbar von irgendwelchen Fanatikern dort angesprayt worden.

Ich fand es sehr schlimm, daß Fans auf rein sportliche Probleme mit solch einem politisch motivierten Haß reagierten. Das sind Formen von »Meinungsäußerung«, die der normale Fußballfan nie benutzen würde, bei ihm bleibt auch die härteste Kritik an einem schlechten Spiel oder einem schlechten Spieler immer im Rahmen des Fußballs bzw. des Vereins. Wieso war ich denn, nur weil Racing nicht gut dastand, plötzlich als »Nazi« für die Misere verantwortlich? Als Deutscher, der 1960, 15 Jahre nach dem Ende des Zweiten Weltkriegs geboren worden war? Ich konnte erleben, wohin verantwortungslose Meinungsmache führt und wie schlimm es vor allem einem deutschen Spieler in Frankreich ergehen kann.

Um zu zeigen, wie man es anders machen kann, will ich kurz vorgreifen und eine typische Erfahrung schildern, die ich hier in Japan gemacht habe: In Frankreich hatte man, wie gesagt, immer versucht, aus mir einen »Franzosen« zu machen. In Japan verfuhr man genau umgekehrt. Als ich in meiner Anfangszeit um ein Mobiltelefon bat, bekam ich nicht nur schon am nächsten Tag eins überreicht, nein, zu meiner Überraschung erhielt ich gleich zwei – das andere war für meine Frau, damit wir, wann immer wir wollten, Kontakt aufnehmen konnten. Also keine Abschottung von der Familie und der Muttersprache, sondern das Gegenteil. Gleichzeitig erhielt ich schon in den ersten Wochen einen Lehrer, der mir Japanischunterricht gab, ohne daß ich aufgefordert wurde, mein Deutsch zu vergessen. Sich einem ausländischen Spieler gegenüber so zu verhalten, stärkt hundertmal mehr die Motivation, sich in die fremde Kultur und die neue Sprache einzuleben, als es mit Zwang und Isolierung zu versuchen. Druck erzeugt nur Gegendruck, aber Verständnis und Entgegenkommen stärken die Motivation, sich auf das Neue einzulassen.

Bei Racing ließ allerdings nicht nur mein Spiel zu wünschen übrig, die ganze für viel Geld zusammengekaufte Mannschaft spielte weiterhin miserabel, und nach ein paar Monaten war klar, daß wir froh sein konnten, wenn wir nicht abstiegen.

Es kam zu chaotischen Entscheidungen des Trainers und der anderen Verantwortlichen. Einen Tag ließen sie mich in der ersten Mannschaft spielen, und mir gelang plötzlich alles, die Zeitschrift »France Football« wählte mich in die Ligamannschaft des Tages, und beim nächsten Spiel saß ich wieder auf der Tribüne. Immer, wenn ich mit jemandem die Situation besprechen wollte, gab man vor, mich nicht richtig zu verstehen, deutsch oder englisch konnte oder wollte niemand mit mir sprechen.

In all der Verzweiflung und Einsamkeit fing ich an zu kochen. Ich sammelte unzählige Rezepte, kaufte mir Kochbücher und probierte alles aus. Abends lud ich ein paar Spieler ein, die dann kosten mußten, was ich da zusammenbraute. Sie waren immer ganz freundlich und haben auch gegessen, was ich ihnen vorsetzte, aber geschmeckt hat es oft fürchterlich. Mein Kochen erinnerte eher daran, wie die Hexe in Kinderfilmen den Hexentrunk zubereitet. Ich schmiß alle möglichen

Bei Racing Paris stand ich oft auf verlorenem Posten.

Zutaten in einen Topf, kochte es ein, und was dabei herauskam, war manchmal einigermaßen genießbar und manchmal weniger. Aber zumindest kamen ein paar Spieler zu mir, und ich saß nicht alleine herum. Mir war bald klar, daß es so nicht weitergehen konnte. Ich stellte mir selbst ein Ultimatum: Entweder regelmäßig in Paris in der ersten Mannschaft spielen, und das dann meinetwegen auch im Kampf gegen den Abstieg, oder weg von dort. Auf der Bank sitzen oder in der zweiten Liga spielen wollte ich nicht, auch nicht mit einem hohen Gehalt.
Ein hochbezahlter Reservist zu sein entsprach nicht meiner Vorstellung vom großen Fußballeben. Ich war

sogar bereit, auf einen Teil meines Einkommens zu verzichten, nur spielen wollte ich um jeden Preis. Langsam begann ich zu begreifen, daß die Entscheidung, nach Frankreich zu gehen, nicht unbedingt die beste gewesen war. Ich mußte etwas tun, immer nur zu warten, ob mich der Trainer aufstellte oder nicht, das hielt ich nicht aus. So entschloß ich mich, zuerst einmal heimlich, meine alten Kontakte nach Deutschland wieder aufzunehmen.

Am liebsten wäre ich sofort wieder nach Deutschland zurückgegangen, einen Wechsel zu einem anderen französischen Verein wollte ich auf keinen Fall. Im Januar 1987 kam unsere zweite Tochter zur Welt, ich saß in Paris, spielen durfte oder konnte ich nicht, mein Leben war beschissen. Ich war frustriert und wollte nur noch zurück nach Hause, am liebsten wieder für den 1. FC Köln spielen.

Ich hatte mir nie vorgestellt, wie einsam man in einem fremden Land sein kann, wenn auch noch die Leistung nicht da ist. In Deutschland war für mich alles so einfach, jeder Schritt wurde für uns Profis vorgeplant und organisiert. Im Trainingslager bekommst du dein Frühstück, der Tagesablauf ist festgelegt und bis ins letzte Detail durchdacht. Du stehst am Morgen auf, siehst auf den Plan und weißt, was du heute zu tun hast. In Frankreich war das alles anders: Nur um das sportliche Programm kümmerte man sich, alles andere war deine Privatangelegenheit.

Die Franzosen sind große Individualisten, die offenbar die exakte Durchorganisierung ihres Alltags gar nicht so gern haben. Ich hatte mich auch immer eher als ein Einzelgänger gesehen, der die Dinge gern auf seine Weise macht, anders als alle anderen in der Gruppe. In Frankreich wurde mir erst bewußt, wie sehr ich von einem Team abhängig bin, wie ich eine Gruppe um mich brauche und daß ich nicht der einsame Vogel war, der ich immer zu sein glaubte. Dies zu erkennen, war sehr wichtig für meine fußballerische Zukunft.

Das Frankreich-Abenteuer hat mir ein paar Flausen aus dem Kopf gepustet. Die stellten einen dort in den Regen, ohne Schirm und Mantel, und warteten, wie man damit fertig wurde. Es war eine harte Schule, und ich habe mehr darunter gelitten als unter den Schikanen eines harten Trainers. Aber erst nach der Zeit in Frankreich konnte ich mich zu einem sehr guten Mannschaftsspieler entwickeln. Ich wurde einfach vorsichtiger in meinem Urteil über andere und spürte meinen Egoismus stärker. Meine Traumposition in einem Team war immer schon der Spielmacher. Bisher wurde ich meistens als Rechtsaußen eingesetzt, die magische Nummer zehn des Spielmachers wollte mir keiner geben. Erst nach dem Frankreich-Intermezzo gelang mir das, und vielleicht hätte es ohne die Racing-Erfahrung nie geklappt.

Obwohl ich ab Mitte der Saison zumindest einen Stammplatz in der ersten Mannschaft hatte, begann ich in ersten Gesprächen, die Chancen für eine Rückkehr nach Deutschland abzuklopfen.

Die Verhandlungen waren schwierig, weil Racing Paris eine sehr hohe Ablösesumme forderte. Doch in

Köln arbeitete bereits Udo Lattek als Technischer Direktor, und der wollte mich um jeden Preis zurückholen. Er reiste als Generalbevollmächtigter des FC zu den Gesprächen nach Paris und verhandelte dort direkt mit dem Vorstand von Matra. Als er dann mit einem sehr guten Kompromiß nach Köln zurückkehrte, sagte der Verwaltungsrat plötzlich nein. Da saßen anscheinend einige Herren, denen es ganz angenehm war, daß mein Frankreich-Abenteuer nicht wie geplant verlaufen war. Lattek hat öffentlich mit seinem sofortigen Rücktritt gedroht und daraufhin akzeptierte der Verwaltungsrat seinen Vorschlag für die Abwicklung des Transfers. Auch Christoph Daum unterstützte Lattek bei seinen Plänen für meine Rückverpflichtung. In Deutschland hatte die Saison bereits begonnen, es lief nicht so richtig für die Kölner, und die beiden erwarteten sich von meiner Verpflichtung eine wichtige Verstärkung.

Doch bei allem Wünschen müssen auch die Zahlen stimmen. Der vorzeitige Ausstieg aus dem Vertrag mit Racing sollte teuer werden, und die Kölner weigerten sich zu zahlen. Ich wollte jedoch unter allen Umständen weg von Paris und zurück nach Köln, und so unterstützte ich letzten Endes meine Rückkehr mit einem zinslosen Darlehen und übernahm auf diese Weise einen Teil der Ablöse.

Die finanzielle Seite war mir in dieser Lage gar nicht so wichtig. Das niedrigere Gehalt in Köln, es war sogar weniger als in der Zeit vor Frankreich, die Mitfinanzierung meiner Rückkehr, der Umzug von Paris in unser

Haus in Weilerswist – ich war so froh, wieder zurück zu sein, daß mir kein Opfer zu hoch erschien.

Köln bot mir schließlich einen Drei-Jahres-Vertrag an mit einer Option für ein weiteres Jahr. Ich war überglücklich und konnte mein Frankreich-Experiment abbrechen.

Köln zum zweiten

Wieder in der »Heimat«,
gemeinsam mit Willy Millowitsch.

Ich kehrte nach Köln zurück wie der Sohn, der von zu Hause ausgerissen ist. Es war gar nicht so einfach. Da steht nicht Vater Verein und breitet die Arme aus. Die lassen einen das schon spüren, daß man sie verlassen hat. Und die Häme ist auch nicht weit. Du kannst dir in der Bundesliga vieles nicht erlauben, am schlimmsten aber ist es, im Ausland zu scheitern. Da kann man sicher sein, daß sowohl die Presse als auch die Verantwortlichen im Verein und die Mitspieler ihren Hohn kaum verbergen. Die Deutschen haben besonders im Fußball einen großen Minderwertigkeitskomplex gegenüber anderen Nationen, vor allem gegenüber Italien und England. Wenn ein deutscher Fußballer ins Ausland geht, dann wechselt er nicht einfach von einem Verein zu einem anderen, sondern er geht hinaus in die »große Welt«. Das klingt immer danach, als ob einer aus dem Dorf in die Stadt zöge. Kommt er zurück, weil es dort nicht geklappt hat, dann muß er den Spott des ganzen Dorfes erdulden.

Ich werde nie vergessen, wie ich damals nach dem kurzen Flug von Paris in Köln angekommen bin. Ich war so richtig froh, wieder zu Hause zu sein, und dann ging ich in die Ankunftshalle und traute meinen Augen kaum. Da waren ausgerechnet die beiden Herren zu meiner Begrüßung erschienen, die mit allen Mitteln versucht hatten, meine Rückkehr zu verhindern: Präsident Artzinger-Bolten und Schatzmeister Neukirch. Jetzt ließen sie sich freundlich lächelnd gemeinsam mit mir fotografieren und taten so, als würden sie einen lang erwarteten Heimkehrer in die Arme schließen.

Diese beiden sollten später gemeinsam mit dem dritten Vorsitzenden Söller eine schlimme Rolle spielen und den Verein in große Schwierigkeiten bringen. Durch die Entlassung von Christoph Daum und verfehlte Spielerver- und -einkäufe ist ihnen fast die Heldentat gelungen, den 1. FC Köln, einen der Bundesligavereine der ersten Stunde, zum Abstieg in die 2. Liga zu verurteilen. Es sollte sich zeigen, wie ein

Der 22. August 1987 – das erste Spiel nach der Rückkehr.

schlechtes Management eine sportlich hervorragende Mannschaft annähernd zerstören kann.

Ebensowenig wie diese Ankunft am Flughafen werde ich das erste Spiel vergessen, bei dem ich dann wieder für den FC auf dem Platz stand: Es war der 22. August 1987, der vierte Spieltag der Saison '87 /'88. Mir läuft es heut noch kalt über den Rücken, wenn ich daran denke. In den letzten Tagen vor dem Match saß ich mehr auf der Toilette, als daß ich auf dem Rasen stand. In meinem Körper schien alles durcheinanderzugehen. Wir spielten gegen Bayer Uerdingen im Müngersdorfer Stadion, und selbst in der Kabine, unmittelbar vor Spielbeginn, dachte ich, ob es nicht besser sei, noch ein wenig zu warten. Ich war körperlich noch nicht fit, fühlte mich nicht kräftig genug, die ganzen neunzig Minuten durchzuhalten, doch Christoph Daum machte mir Mut. Er meinte: »Da mußt du durch, es hat keinen Sinn, noch länger zu warten.«

Die Nummer zehn

Beim Auflaufen auf den Platz hätte ich mich am liebsten ganz klein gemacht, damit mich das Publikum gar nicht sah. Aber dann rollte mir eine Welle der Sympathie entgegen. Ich merkte, wie mich die Zuschauer akzeptierten und mir auch etwas zutrauten. Da wurde mir klar, daß all meine Ängste nur aus den Meinungen der Medienleute und anderer folgten und nicht vom Publikum ausgingen. Die Fans schienen viel aufgeschlossener auf meine Rückkehr zu reagieren, als ich erwartet hatte. Ich empfand eine Stimmung, die mir Mut machte. Ich kämpfte von Beginn mit vollem Einsatz und wollte allen zeigen, daß ich wieder der Alte war. Wir gewannen 2:0, ich schoß das zweite Tor. Ein Drehschuß in der 63. Minute, und all meine Verkrampfung war weg. Mit dem Treffer hatte ich mich selbst in die Bundesliga zurückgeschossen. Gegen Ende des Spiels war ich völlig erschöpft, und der Trainer nahm mich heraus. Ich hatte Wadenkrämpfe, war total fertig, ich hatte mich bis ins letzte verausgabt, war jedoch überglücklich.

Mit dem zweiten Start in Köln wollte ich in jene Rolle hineinschlüpfen, die mich schon immer fasziniert hatte, die des Spielmachers. Jetzt endlich, nach zehn Jahren in der Kölner Mannschaft, hatte ich einen Trainer und einen Technischen Direktor, die mir diese Rolle zutrauten. An sich war ich zum erstenmal bei meinem Wechsel nach Paris für die Rolle des Spielmachers vorgesehen, auch wenn ich dann dort meist auf Rechtsaußen spielte. Der erste, der mir die Entwicklung, die nun eingetreten war, vorausgesagt hatte, war übrigens Paul Breitner gewesen, der nach der WM 1982 in einem Buch schrieb:

»Für unsere Mannschaft ist Pierre so wichtig, weil seine Art, Fußball zu spielen, die Massen mitreißt und für uns als Mannschaft begeistert. Das ist oft die halbe Miete. Der Pierre braucht nur Normalform zu haben, da sehen seine Gegenspieler schon wie Anfänger aus. In Topform ist er nicht zu halten. Bei

Die Nummer 10.

seinen Körpertäuschungen und Dribblings wird ein
Abwehrspieler zum Pirouettendreher – immer im
Kreis herum und hübsch schwindelig. Denn wenn
er loslegt, ist es völlig egal, ob er den Ball am linken
oder rechten Fuß hat. Das macht ihn so unbere-
chenbar. Und mittlerweile schießt er auch herrliche
Tore: gelupft, geschlenzt oder hart . . .
Ich prophezeie schon jetzt: In zwei, drei Jahren wird
Pierre bei seiner Mannschaft im Mittelfeld aufkreu-
zen. Er hat das Format zu einem Regisseur, er kann
dann ein Spiel lenken und lange Pässe schlagen.

Seine jetzt schon überragenden Fähigkeiten – wie das Lösen vom Gegner durch Körpertäuschungen oder Gewichtsverlagerung – kommen ihm dann zusätzlich zugute.«

In meinen Augen bildet die Grundlage des Spielmachers nicht nur seine fußballerische Qualität, sondern seine Charakterstärke. Man muß begreifen, daß man für die gesamte Mannschaft verantwortlich ist und jeden Mitspieler in seiner speziellen Aufgabe unterstützen sollte. Man muß sozusagen über dem Match schweben und beurteilen, was gerade in diesem konkreten Moment erforderlich ist – zum Beispiel Tempobeschleunigung oder -verlangsamung. Man braucht dafür große innere Sicherheit.

In meinen Augen ist Bernd Schuster für diese Aufgabe ideal geeignet: Er kann jederzeit ein Spiel beeinflussen und gibt der Mannschaft genau das, was sie braucht. Er hat ein perfektes Rhythmusgefühl, kann, je nach Notwendigkeit, den Ball halten oder das Tempo steigern. Er begreift sehr schnell, wenn sich die Spielsituation ändert, und ist dann in der Lage, die eigene Mannschaft darauf einzustellen.

In Köln spielte damals Thomas Häßler, der sich eigentlich schon als Spielmacher sah. Er war ziemlich deprimiert, als ich kam. Ich versuchte, ihn zu beruhigen, und sagte ihm, daß wir doch beide mit und in derselben Mannschaft gewinnen wollten. Aber nette Sprüche nützen einem im Fußball nicht viel.

Kommt einer und macht dir deinen Platz streitig, zieht er dir erstmal den Stuhl unterm Hintern weg. Das kann sich am Ende der Saison auf deinen Vertrag auswirken, auf die Angebote von anderen Vereinen und damit direkt auf deinen Marktwert.

Aber wir harmonierten dann später sehr gut. Er war ein paar Jahre jünger als ich, und ich versuchte ihm gegenüber nicht die gleichen Fehler zu machen, die ich als Jungprofi von seiten der Älteren erlebt hatte. Ich wollte ihm helfen, ihn unterstützen, und wir hatten dann in den folgenden Monaten gemeinsam Erfolg. Er war für mich nie der Konkurrent, sondern ein Komplement – später fast so etwas wie ein brüderlicher Freund. Wir waren irgendwie seelenverwandt als Fußballer und Freunde; so jemanden wie ihn hätte ich mir in meiner Kindheit auf dem Bolzplatz als Mitspieler gewünscht – wir wären einfach unschlagbar gewesen. Entscheidend für meine Entwicklung war jedoch in dieser Zeit Morten Olsen. Wie sehr ich ihn als Mensch und Fußballer schätze, habe ich ja schon erzählt.

Aber es waren nicht nur einige wenige Spieler, die in dieser Saison den 1. FC Köln ausmachten. Wir bildeten eine hervorragende Truppe, in der plötzlich alles stimmte. Trotz des schlechten Starts beendeten wir das Jahr noch als Vize-Meister hinter den Bayern. Auch in der nächsten Saison erreichten wir in der Meisterschaft den zweiten Platz.

Für mich waren die Jahre nach dem Zwischenspiel in Frankreich bis zur Weltmeisterschaft 1990 die besten meiner Laufbahn. Wir hatten eine großartige Mannschaft. In Köln konnte ich nun endlich beweisen, daß ich das Zeug zum Regisseur hatte.

Ein Spitzenteam, unter anderen mit den Nationalspielern Olsen,
Kohler, Povlsen, Littbarski, Häßler, Steiner, Illgner und Görtz.

Früher mußte ein Lehrling, bevor er Meister werden
konnte, für seine Gesellenzeit auf Wanderschaft gehen und Erfahrungen in der Fremde sammeln. Dabei
ging's auch nicht darum, wieviel Erfolg er außerhalb
seiner Heimat hatte. Wichtig war, daß er mit mehr
Wissen, mehr Können und auch reifer zurückkam. So
sah ich meine Zeit in Frankreich. Für die Presse war
allerdings nur wichtig, ob ich dort versagt hatte. Zig-
mal stellten mir die Journalisten die gleiche Frage, als
ob die Leser schlechter schlafen würden, wenn sie
nicht schwarz auf weiß lesen könnten, daß ich in Frankreich gescheitert war. Wenn ich versuchte, einem Reporter zu erklären, daß ich bei Racing für mich persönlich auch vieles gelernt hätte, was ich jetzt in Köln sehr
gut verwenden könnte, interessierte es ihn nicht.

Ich sehe es selbst so, daß ich in Frankreich erwachsen geworden bin, auch wenn ich damals schon sechsundzwanzig war. In diesem Sinne war die Zeit in Paris ein wichtiger und notwendiger Abschnitt in meiner Laufbahn. Und der ideale Abschluß dieses Experiments war die Rückkehr nach Köln. Hier lief alles so, wie ich es mir gewünscht hatte.

Ein großer Glücksfall war für mich Christoph Daum als Trainer – ähnlich wie Hennes Weisweiler vor zehn Jahren. Er hatte großes psychologisches Geschick und konnte einen Spieler schrittweise an eine neue

Mit Christoph Daum, überglücklich nach zwei Toren im Pokalspiel gegen den VfB Stuttgart 1987.

Aufgabe heranführen. Er versuchte mir immer wieder klar zu machen, daß ich der neuen Herausforderung, für die Kölner als Spielmacher zu fungieren, auch wirklich gewachsen war. Wir hatten sechs oder sieben großartige Spieler, Einzelkämpfer, die auf ihren Positionen hervorragende Leistungen boten. Aber einer fehlte, der das Tempo bestimmte, der die Angriffe von hinten her initiierte, der Ordnung ins Spiel brachte. Die Mannschaft suchte so einen Mann, keiner der Spieler wollte diese Aufgabe übernehmen, ausgenommen Thomas Häßler, aber der hatte noch Zeit, er war jung und konnte in diese Funktion langsam hineinwachsen.

Spieler-Typen

Die Rolle des Spielmachers war immer mein Traum gewesen. Ich glaube, jeder Spitzenfußballer hat seinen Platz auf dem Feld, auf den er ideal paßt. Und jeder hat auch ganz persönliche Fähigkeiten, die ihn für diese Rolle besonders geeignet machen.

Da gibt es die Extremtypen, die Torleute. Das sind meist die eigenwilligsten. Der Druck, da hinten alleine zwischen den Pfosten zu stehen, und eine falsche Bewegung kann über Sieg oder Niederlage entscheiden, macht jeden Torwart langsam verrückt. Selbst wenn ich den Ball im Strafraum mit der Hand runterhole, der Schiedsrichter stellt mich vom Platz und gibt einen Elfmeter, ist da immer noch der Torwart, der alles retten kann. Greift er selbst aber nur mal bei einer harmlosen Flanke oder einem Rückpaß daneben, ist das Unglück passiert, und neunzig Minuten Kampf der ganzen Mannschaft können zunichte sein. Schumacher hat einmal gesagt, wenn ein Stürmer in der letzten Minute ein Tor schießt, ist er ein Held. Schießt er daneben, ärgert man sich, aber verzeiht ihm auch bald. Bekommt ein Torwart in der letzten Minute ein Tor, so gilt er als Idiot, der alles versaut hat. Also, die sind, glaube ich, alle ein bißchen verrückt.

Dann zum Libero: Da gibt es den genialen Typ wie Beckenbauer, der den Ball elegant nach vorne treibt, ihn behutsam übernimmt und fast mit Samthandschuhen zum gegnerischen Tor trägt. Oder den harten Abwehr-Libero Marke Paul Steiner. Dann die eiskalten Vorstopper-Killer wie früher Karl-Heinz Förster oder heute Jürgen Kohler.

Änderungen im Spielsystem und in der Taktik bringen natürlich neue Spielertypen hervor, wie zum Beispiel auf den Außenverteidigerpositionen. Früher gab es halt den Außenverteidiger, den Läufer und den Außenstürmer – das macht heute ein Spieler, der zugleich stark in der Defensive und der Offensive sein und auch gute technische Fähigkeiten haben muß, praktisch allein: Am besten auf diesen Positionen waren in Deutschland sicher Andi Brehme links und Manni Kaltz rechts.

Im Mittelfeld agieren leider viel zu selten die Fußballästheten, Spieler wie Heinz Flohe oder Herbert Neumann, die den Ball wunderbar elegant am Fuß führen, trickreich sind und das Spiel mit überraschenden, genialen Pässen lenken.

Thomas Häßler war für mich immer die Verkörperung des Vollblutfußballers – zu diesem Typ zähle ich mich auch selbst ein bißchen. »Icke« ist der Junge aus der Straßenfußballmannschaft, der immer einen Ball braucht – egal, in welcher Trainingseinheit er gerade steckt. Er hatte selbst beim Dauerlauf einen Ball im Arm und tänzelte und jonglierte in allen Situationen damit herum, es war wie eine Sucht.

Alle Superstars wie Cruyff, Beckenbauer, Pele oder Maradona haben darüber hinaus ihre ganz persönliche fußballerische Körpersprache: elegant oder lässig, wendig, mit ganz typischen Bewegungsabläufen. Zum Beispiel lief Cruyff immer so, als habe er einen Besenstiel verschluckt, ganz steif und aufrecht von der Hüfte an aufwärts, und umkurvte trotzdem mit unnachahmlichem, elegantem Antritt seine Gegenspieler, sobald es drauf ankam – man muß nur an die Szene im WM-Endspiel 1974 denken, als er im Strafraum gefoult wurde und Holland danach durch den Elfmeter von Neeskens mit 1:0 in Führung ging.

Dann sind da noch die Arbeitsbienen im Mittelfeld wie Zorc, die ausgefuchsten Stürmer, die im Strafraum warten und aus jeder Situation aufs Tor schießen wie Toni Polster heute bei Köln. Es gibt viele regelrecht positionsabhängige Eigenschaften, und jeder hat so ein paar davon.

Ich wollte immer am liebsten Spielmacher sein, der den Blick für den Mitspieler hat. Ich bin allerdings auch sehr ehrgeizig und war, vor allem in früheren Jahren egoistisch. Da ich manchmal zu verbissen war und verkrampft, verlor ich dann auch den Überblick. Heute fällt es mir leichter, mich mehr zurückzunehmen und auf die Mannschaft zu schauen. Heute kann ich ein Spiel beeinflussen, ähnlich wie Uwe Bein, und es ist mir viel wichtiger, daß durch meine Pässe einer der Mitspieler ein Tor erzielt, als daß ich es selbst mache. Irgendwann im Lauf der Karriere erkennt man als Fußballer, daß man immer dann erfolgreich ist, wenn die Mannschaft gewinnt – das allein zählt. Wenn wir 1:2 verlieren, und ich hab' das eine Tor unserer Mannschaft erzielt, und es wird vielleicht sogar »Tor des Jahres«, dann haben wir trotzdem verloren. Nur das zählt. Aber um das zu begreifen, braucht man ein paar Jahre Erfahrung.

Ich lebte mich in Köln sehr schnell wieder ein. Da wartete schon der Wirt in meiner Pizzeria auf mich, und der Zeitungsverkäufer unterhielt sich mit mir. Alles, was man so als Heimat bezeichnet, umarmte mich nach einiger Zeit und hieß mich willkommen. Mein Ausflug in die Fremde schien vergessen.

Es ist eigenartig, aber heute hier in Japan habe ich all diese Probleme nicht mehr. Als wäre ich in diesem Land ganz anders erwartet worden, fand ich mich sehr schnell in einen Alltag hinein, der mich nichts vermissen läßt. Dinge, auf die ich in Paris verzichten mußte, die es nur zu Hause in Deutschland gab, fehlen mir hier nicht. Ob das nun an mir liegt, weil ich älter geworden und mit einer anderen Einstellung hierher gekommen bin, oder ob das die so ganz andere Welt ist, kann ich selbst nicht sagen.

Ich bin sehr von Menschen abhängig, wie sie mit mir um- und auf mich eingehen. In Frankreich fühlte ich mich völlig unbedeutend. Niemand brauchte mich, und jeder gab mir das Gefühl, daß es auch ohne mich laufen würde, vielleicht sogar besser. Hier in Japan vermittelt man mir, daß man mich braucht. Es hat einen Sinn, daß ich hier bin, es gibt Menschen, die mich erwartet, die sich gefreut haben, als ich kam.

Auf dem Weg zur WM '90

Zwei wichtige Ereignisse rückten näher: die Europameisterschaft 1988 und die Weltmeisterschaft 1990. Franz Beckenbauer, der mich als Teamchef in Mexiko ja nur sporadisch eingesetzt hatte, schien sein Mißtrauen mir gegenüber nicht abgelegt zu haben. Es begann das gleiche Spiel wie vor meiner Zeit in Paris. Werde ich ins Team berufen oder nicht? – ewig diese Unsicherheit. Ich schaffte es nicht, mir einen Stammplatz in der Nationalelf zu sichern, obwohl ich beim FC gut spielte und unser Verein auch sehr erfolgreich in der Meisterschaft war.

Ehrlich gesagt, ich war damals wütend auf Beckenbauer. Es wollte mir nicht in den Kopf, daß er mich immer wieder nur wie zufällig in die Mannschaft holte. Ich begriff das System nicht, das dahinterstand, falls es eins gab, und seine Entscheidungen hatten oft keinen

Zusammenhang mit meiner Leistung. Dazu kam, daß er mich in der Öffentlichkeit kritisierte, so in dem Stil, ich hätte seit einigen Spielen keinen einzigen Ball mehr aufs Tor geschossen und ähnliches.

Dann erhielt ich im Spiel gegen Finnland (im August 1988) eine Chance, zeigte auch mit der gesamten Mannschaft eine gute Leistung und war mir sicher, daß ich nun wieder im Team war. In diesem Team spielten damals fünf Kölner: Illgner, Kohler, Görtz, Häßler und ich. Das zeigt, wie stark der FC damals war – aber leider auch, wie wenig die Vereinsführung letztendlich daraus gemacht hat.

Für das nächste Qualifikationsspiel gegen Holland im Oktober holte mich Beckenbauer dann nicht einmal als Ersatzspieler. Es war frustrierend, und ich glaube, er bestand damals zu einem großen Teil nur aus Unsicherheit. Für mich war es dann kein Zufall, daß wir bei der Europameisterschaft – obwohl sie im eigenen Land stattfand – nicht einmal ins Endspiel kamen. Er suchte nach der idealen Mannschaft, die seinen Ansprüchen gerecht wurde, und konnte nicht verstehen, daß ein Team nicht aus lauter Beckenbauers besteht. Damals fiel es ihm noch schwer, mit den vorhandenen Spielern die optimale Mannschaft zusammenzustellen. Aber vielleicht war diese »Lehrzeit« wichtig für ihn. Denn zur WM 1990 gelang ihm jeder Schachzug, obwohl die Mannschaft nicht viel stärker als die von der EM '88 war.

Ich gab in diesen Monaten einige ziemlich aggressive Interviews, und so mancher war erstaunt, daß der ewig lächelnde »Litti« auch einmal öffentlich seinen Unmut kundtat. Ich hatte meine Underdog-Rolle satt und wollte nicht mehr der »Kleine« sein, dem die Krümel bleiben, die vom Tisch fallen, und der sich noch dafür bedankt.

Ich ging auf die Dreißig zu, war mehr als zehn Jahre Profi, und der Abschluß meiner Karriere lag nicht mehr so weit in der Zukunft, daß ich gar nicht daran dachte. Auch bei den Finanzen reichte es mir, immer nur zweiter Sieger zu sein. Ich wurde jahrelang von Rüdiger Schmitz betreut, der auch Toni Schumacher unter Vertrag hatte. Erst viel zu spät fiel mir auf, daß bei Werbevereinbarungen prinzipiell der Toni an die großen Scheine kam, während ich mit Kleingeld abgespeist wurde. Ich hatte von all dem genug.

Aber das Hin und Her bezüglich meiner Nationalmannschaftsberufungen setzte sich fort. In einem der Länderspiele, dem gegen Irland im September 1989, nominierte mich Beckenbauer sogar als Kapitän. Wir erreichten nur ein 0:0, und die Zeitungen machten uns lächerlich. Danach ging Beckenbauers heiteres Berufungsraten weiter. Einmal las ich in einer Zeitung, daß er sagte, es sei durchaus möglich, daß der Littbarski erstmal zuschauen müsse. In einer anderen stand dann als eine Aussage von ihm: Denkbar, daß der Littbarski spielt. Von einigen Zeitungen wurde ich als Beckenbauers bester Ein- und Auswechselspieler bezeichnet oder als der Kapitän der Reserve. Alles nicht sehr schmeichelhaft, aber andererseits gab es so viele gleichwertige Spieler, daß es oft von der jeweiligen

Taktik abhing, wer im nächsten Spiel eingesetzt werden sollte. Mich quälte diese Ungewißheit, da ich mir unschwer ausrechnen konnte, daß 1990 für mich die letzte Fußball-WM war, bei der ich eine Chance hatte, mit dabeizusein.

Fußballer als
»Personen des öffentlichen Lebens«

In diesen Monaten voll Unsicherheit machte ich eine Erfahrung, die mir wieder zeigte, wie sehr Fußballprofis mit der Situation überfordert sind, in die sie allein durch ihr sportliches Talent geraten. Es geht darum, daß ein bekannter Fußballer plötzlich eine gesellschaftliche Bedeutung bekommt, auf die er eigentlich gar nicht vorbereitet ist. Bernhard Worms, der damalige CDU-Oppositionsführer im Landtag von Nordrhein-Westfalen, bat mich im Frühjahr 1989, mich als »Wahlmann« für die Bundesversammlung anläßlich der Wahl des Bundespräsidenten zur Verfügung zu stellen. Ich dachte nicht lange nach, der Kandidat der CDU, der bisherige Bundespräsident Richard von Weizsäcker, war mir sympathisch, so sagte ich zu unter der Bedingung, daß man das nicht veröffentlichen werde, bevor nicht über alle Einzelheiten gesprochen worden sei.

Doch schon vierundzwanzig Stunden später gab die CDU bekannt, daß ich auf ihrer Seite in diesen Wahlkampf ziehen würde. Und wie immer, wenn man sich in

Bei der Bundesversammlung 1989, mit Theo Waigel und Norbert Blüm.

der Politik für eine Seite entscheidet, provoziert das eine Überreaktion auf der anderen. Ich war nie Mitglied der CDU und hatte auch gar kein Interesse, für die Partei direkt in den Wahlkampf einzugreifen. Das war alles mehr als Geste für von Weizsäcker gedacht und nicht als parteipolitisches Engagement. Zu dieser Zeit war es bei Spitzensportlern nicht mehr üblich, sich wie in den siebziger Jahren für Politiker und Parteien einzusetzen. Zu Beginn meiner Karriere, 1980 zum Beispiel, fanden es alle ganz normal, daß die Münchner Franz Beckenbauer, Gerd Müller und Karl-Heinz Rummenigge offen Sympathien für die CSU und Strauß bekundeten. Andere wie der Rudi Völler bekannten sich ohne große Probleme zur SPD. Aber im Lauf der achtziger Jahre nahm die Beziehung zur

Presse immer aggressivere Züge an. Zugleich setzte unter den Stars eine gewisse Gleichgültigkeit gegenüber den politischen Ereignissen ein. In den Parteien gab es weniger Symbolfiguren als früher. Ein Strauß, ein Brandt oder ein Richard von Weizsäcker konnte einen schon mitreißen. Jetzt kümmerte sich jeder nur noch um seinen eigenen Kram. In Fanbriefen wurde man mittlerweile auch wegen jeder Parteinahme wütend angegriffen. Jede Meinungsäußerung führte entweder zu heftigen Reaktionen oder wurde von Journalisten belächelt, da die sich nicht vorstellen konnten, daß einer, der Fußball spielt, sich noch zu anderen Themen seine Gedanken macht.

Als die Diskussion um Berlin als neue Hauptstadt des vereinigten Deutschlands begann und viele prominente Berliner nach ihrer Meinung in der Kontroverse Bonn oder Berlin gefragt wurden, sagte ich, ich sei gegen Berlin. Ich versuchte das auch zu begründen: Mir kam Berlin immer als eine der ruhigen Großstädte vor, es hatte sich eben nicht zu einem London oder New York entwickelt. Mir gefiel das, und ich sah keinen Vorteil darin, wenn Berlin zu einer Metropole mit all ihren auch negativen Zügen werden würde.

Die Reaktionen haben mich schockiert. Es kam ein Wäschekorb voll wütender Briefe mit direkten oder indirekten Drohungen gegen mich und meine Familie. Ich konnte meine Landsleute nicht verstehen: Sie konnten offenbar nicht ertragen, daß einer seine eigene Meinung hatte.

Letzten Endes wird so jede Meinung, die man als »Sachfremder« äußert, zu einer Zwangsjacke. Man wird durch die Öffentlichkeit in ein Freund-Feind-Schema eingeordnet und muß ständig begründen, warum man nicht für den anderen ist. Die Journalisten fragten mich nicht danach, warum mir von Weizsäcker sympathisch ist. Sie wollten wissen, was ich denn gegen den anderen, seinen Gegenkandidaten, hätte. Genau so war es bei der Berlin-Entscheidung. Ich wurde plötzlich zum »Feind« von Berlin. Meine Argumente, daß ich Angst hätte, Berlin würde sich zu einer unregierbaren Riesenstadt entwickeln, interessierten niemanden mehr. Es ging nicht um Gründe, es ging nur um das Für oder Dagegen. Ich fühlte mich da in eine extreme Vereinfachung hineingepreßt.

Natürlich wird man nach solchen Erfahrungen vorsichtig und mißtrauisch, wenn andere Gruppen und Organisationen auf einen zukommen und um Unterstützung bitten. Man hat uns Fußballern immer wieder vorgeworfen, daß wir uns zu selten für soziale und politisch wichtige Aktionen wie Lichterketten gegen Ausländerhaß, Veranstaltungen von Anti-Aids-Kampagnen und vieles andere mehr einsetzten. Aber unser Leben wird in den Medien auf der Sportseite diskutiert, nicht im Politik- oder Kulturteil. Da schreiben Journalisten über uns, die es mehr interessiert, ob wir eine Freundin haben, unsere Ehen kaputtgehen oder ob wir Zoff mit dem Trainer haben. Meinungen zur Politik sind da nicht wichtig, die traut man uns ohnehin nicht zu.

So entsteht ein Kreislauf, der in einem gesellschaftlichen Rückzug endet. Man äußert sich nicht mehr zu aktuellen Problemen, weil man schlechte Erfahrungen damit gemacht hat. Hält man sich raus, gilt man als die uninteressierte, oberflächliche, rein konsumorientierte Sportmaschine, die nur geldgeil auf die Summen starrt, die in den Verträgen stehen, und völlig teilnahmslos und gleichgültig gegenüber dem Weltgeschehen dahinlebt.

Wir werden nun mal nicht so akzeptiert wie ein Schauspieler oder ein Popsänger, der sich im Kampf gegen Aids einsetzt oder bei den Lichterketten. Ich hatte immer das Gefühl, wenn einer von uns Fußballern da mitmachte, würde bei den anderen gleich der Gedanke hochkommen: Was will der denn hier?

Heute kann ich dazu stehen, daß ich mich für Politik nur sehr begrenzt interessiere und nie die Absicht hatte, mich konkret in einer Partei zu engagieren. Ich habe wie jeder Mensch meine Ansichten zu politischen Fragen, aber mittlerweile halte ich nichts mehr davon, wenn aus der Tatsache, daß ich ein populärer Fußballer bin, die Verpflichtung abgeleitet wird, ich müsse mich zu aktuellen Problemen äußern. Warum sollte einer, der gut mit dem Ball umgehen kann, allein schon deswegen eine bedeutsamere Meinung zu Themen wie Asyl, Umwelt oder Aids haben als andere Zeitgenossen. Mir ist das inzwischen eher peinlich, wenn ich miterlebe, wie sich manche Sportler, auch Fußballer, nach vorne drängen und auf der Bühne stehen, wenn es um soziale oder politische Konflikte geht. Davon halte ich nicht mehr viel. Meine Aufgabe besteht darin, Fußball zu spielen und die Leute gut zu unterhalten.

Auch das Schicksal von Toni Schumacher zeigt, daß eine persönliche Meinungsäußerung, wenn sie dann auch noch so direkt und offen gemacht wird, wie Schumacher es mit seinem Enthüllungsbuch tat, einem Profi letztlich immer nur schadet. Das Geld, das er mit dem Buch verdient hat, ist längst zerronnen, weil ihn der DFB praktisch verbannt hatte. Ich habe damals auch mit Toni gesprochen, wir waren ja jahrelang befreundet und hatten auch einen gemeinsamen Manager. Meiner Meinung nach hätte er sehr persönliche Dinge aus seiner Umgebung nicht an die Öffentlichkeit weitergeben sollen. Es ist ja etwas anderes, ob ein Journalist bei einer Recherche hinter irgendwas kommt oder eine Schweinerei aufdeckt, oder ob ein Spieler oder ein Funktionär persönliche Dinge aus seinem Umfeld enthüllt. Natürlich passieren im Profifußball Unregelmäßigkeiten, und zwar auf allen Ebenen: bei einzelnen Spielern und bei Vereinen insgesamt, wie die Beispiele aus Italien mit den Skandalen in Rom und Turin in jüngster Zeit mal wieder belegen. Ich weiß, daß manche vor dem Spiel zum Beispiel eine halbe Flasche Hustensaft ausgetrunken haben, weil sie glaubten, der würde ihnen Kraft geben. Fußballspieler können solche Sachen schlecht verheimlichen: Da man sich ja fast immer gemeinsam auf das Spiel vorbereitet, bekommt man, wenn man drauf aus ist, immer sehr viel vom anderen mit.

Ich finde es schon in Ordnung, daß einer über Schweinereien berichtet und Sachen veröffentlicht, die illegal sind. Ich habe nur ein Problem mit diesen Enthüllungsstories, wenn sie von einem Spieler stammen, der selbst jahrelang mit dabei war.

Wir sind nun mal aufeinander angewiesen im Fußball, wir sind so eine Art verschworene Gemeinschaft. Wir haben jedoch keine Chance, wenn das Minimum an Kameradschaft, das für ein Mannschaftsspiel notwendig ist, durch Mißtrauen zerstört wird. Dann werden wir als Team scheitern, auch wenn wir die besten Einzelspieler der Welt besitzen.

Ich will aber auf keinen Fall den Eindruck entstehen lassen, meine Kritik an Schumachers Verhalten würde zugleich bedeuten, daß ich die Reaktion des DFB und des 1. FC Köln gutheiße. Das waren total überzogene Maßnahmen, die eigentlich nur demonstrierten, wie unsicher und schwach die Verantwortlichen in den Organisationen sind, wenn sie auf Kritik mit Bestrafung oder Ausgrenzung reagieren. Es war auch schade um den exzellenten Torwart Toni Schumacher, aber vor allem hat auch er erkennen müssen, daß es so etwas wie Dankbarkeit im Fußballgeschäft nicht gibt. Am aggressivsten reagieren da oft jene Funktionäre, die selbst einmal Fußballer waren.

Der Profifußball hat sich vor allem im kommerziellen Bereich so rasant entwickelt, daß in diesem Geschäft kein Platz mehr für Hobby-Funktionäre ist. Vereinspräsident, Manager oder Spitzenfunktionär beim DFB – das sind keine Jobs, die man so nebenher macht. Das haben viele Vereine viel zu spät registriert und die

165

Entwicklung regelrecht verschlafen. Man kann nicht einfach so mal eben einen Verein führen, der im Jahr 15 Millionen Mark Umsatz macht. Dazu benötigt man Fachleute, die das hauptberuflich und professionell tun. Die Zuschauer wollen bei einem Bundesligaspiel auf dem Rasen ja auch keine Hobby-Fußballer sehen. Ehemalige Spieler, die ihre Karriere beendet hatten, wurden oft wieder in ihren Stammklub aufgenommen, um ihnen beruflich eine Perspektive zu geben. Das ist immer dann gut, wenn es um sportliche Belange geht, kann aber katastrophal enden, wenn einem solchen ehemaligen Profi auch Aufgaben im organisatorischen oder Managementbereich übertragen werden: Hannes Löhr war dafür in Köln ein Beispiel – als Trainer sehr gut, als Manager untauglich. Ähnlich war es bei Felix Magath. Daß es gut läuft, wenn sich ein Ex-Profi im Trainingsbereich mit all seiner Erfahrung engagiert, zeigt Sepp Maier als Torwarttrainer für die deutsche Nationalelf.

Was die Funktionäre beim DFB angeht, halte ich die »Vorschläge« in dem Buch »Rote Karte für den DFB« (von Edwin Klein) für ausgemachten Blödsinn: Es ist Quatsch, zu fordern, »Lizenzspieler und Lizenzvereine müssen sich vom Verband lossagen«. Man kann nicht den ganzen Verband auflösen, nur weil er vielleicht von den falschen Leuten geführt wird. Man sollte ihn verbessern, die Spieler und Vereine besser betreuen und damit eine Organisation bieten, die wirklich hinter den Vereinen und Spielern steht – denn wenn die der Entscheidungsgewalt von dreihundertfünfzig

Managern ausgeliefert wären, weiß ich nicht, ob das besser wäre.

Die kritischen Insider-Reports von Spielern, wie Toni Schumachers »Anpfiff«, in denen mit Funktionären, Mitspielern und allen möglichen anderen Leuten abgerechnet wird, haben für mich immer etwas von einer Verabschiedung und einem letzten großen Auftritt. Da verläßt einer enttäuscht und frustriert die Fußballbühne, und all die Geheimnisse, die er plötzlich verrät, hat er jahrelang mit sich herumgetragen und verschwiegen. Jetzt braucht er die Gemeinschaft der Spieler, des Vereins, der Mannschaft nicht mehr und lebt die Enttäuschung aus, daß er nicht mehr dazugehört. Wenn ein Spieler wirklich so großes Unbehagen über Mißstände empfände, dann müßte er doch sofort an die Öffentlichkeit gehen, wenn er zum Beispiel Dopingverstöße mitbekommt. Diese »verzögerten« Erinnerungen haben immer etwas von einer verspäteten Abrechnung an sich.

Mit dreißig zur WM

Drei Kölner Musketiere:
Littbarski, Heldt, Ordenewitz.

Im April 1990 feierte ich meinen ersten »einschneidenden« Geburtstag als Erwachsener, ich wurde dreißig. Ich veranstaltete ein großes Fest mit hundert-
fünfzig Gästen. Ohne es vorher jemandem zu sagen,
verkleidete ich mich als Frau: Ich setzte mir blendend
weiße falsche Zähne ein, schminkte mich zu, trug eine
Perücke und Frauenkleider. Niemand erkannte mich,
nicht einmal meine engsten Freunde, ich bewegte
mich zwischen all den Leuten, ohne daß es jemandem
auffiel. Erst die Frau von Frank Ordenewitz hat mich
dann unter großem Hallo enttarnt. Ich führte gemeinsam mit meinem Mannschaftskameraden Olaf Jans-
sen und einem weiteren Freund ein Bühnenstück auf,
es traten zwei Zauberer auf, und wir hatten eine prima
Stimmung.
Es war ein wunderschöner Tag. Ich fühlte mich nicht
plötzlich älter geworden, sondern akzeptierte diesen
Tag und nahm mir vor, auf dem Feld nicht zu versuchen, die Zeit zurückzudrehen. Ich wollte ein Spiel
aufziehen, das meiner sportlichen Entwicklung entsprach.
Diese Feier bot mir Gelegenheit, auch anderen eine
Freude zu machen. Und wenn ich das konnte, war ich
immer besonders glücklich. Das ging mir auf dem Rasen ähnlich: Gemeinsam mit anderen den Zuschauern

WM-Qualifika-
tionsspiel gegen
Wales im Novem-
ber 1989 in Köln.

ein schönes Spiel zu präsentieren, war mir oft wichtiger als das Resultat, das am Ende stand.

Im Jahr zuvor waren in der Qualifikation die Entscheidungen für die WM 1990 gefallen. Es war nicht alles
optimal gelaufen, und im Qualifikationsspiel gegen
Wales in Köln im November 1989 mußten wir unbedingt gewinnen. Lothar Matthäus war verletzt, und
Franz Beckenbauer ernannte mich für dieses Spiel
zum Kapitän. Und ausgerechnet in diesem Match verschoß ich einen Elfmeter. Ich hatte schon ein komi-

sches Gefühl, als ich den Ball auf den Punkt legte. Ich bin kein absolut sicherer Elfmeterschütze, ich bin oft einfach zu nervös.

Thomas Häßler bewahrte mich dann glücklicherweise durch sein 2:1 – auf Vorlage von mir – vor einer Blamage, dafür bin ich ihm jetzt noch dankbar.

Nach diesem mühsamen Sieg hatten wir dann jedenfalls die Fahrkarte nach Italien in der Tasche.

Christoph Daum – der Falsche muß gehen

Nach zwei Vizemeisterschaften und dem Aufbau einer Spitzenmannschaft wurde unser Trainer Christoph Daum über Nacht und ohne erkennbaren Grund plötzlich gefeuert. Die Verantwortlichen waren Präsident Artzinger-Bolten, Schatzmeister Neukirch und Herr Schänzler als geschäftsführendes Vorstandsmitglied. Durch das Vakuum im Verein und die schwache Stellung der Vereinsführung hatte Daum zu seiner Verantwortung als Trainer immer mehr auch Managerfunktion übernommen. Er suchte die Spieler aus, die eingekauft oder abgegeben werden sollten, und blamierte den Präsidenten durch seine raumgreifende Aktivität und seine erfolgreichen Entscheidungen. Christoph Daum erhielt sicher durch die Schwäche des Präsidiums damals zuviel Macht. Wenn einer in Personalunion Trainer und Manager ist, werden wichtige Kompetenzen miteinander vermischt, die besser voneinander getrennt bleiben, weil sie in produktiver Spannung stehen. Es fehlt einfach so etwas wie eine Kontrollinstanz, die der Manager dem Trainer gegenüber gerade bei Spielertransfers darstellt – diese Probleme sollten besonders beim Wechsel von Thomas Häßler nach Italien sehr offenbar werden.

Daum war nicht nur ein Trainer, der sehr viel von Taktik verstand, sondern er konnte die einzelnen Spieler und die ganze Mannschaft auch hervorragend motivieren, da war er ein richtiger Künstler. Er hatte jeden Tag originelle Ideen und war immer wieder in der Lage, uns mit irgend etwas Neuem zu überraschen, da besaß er eine fast unbegrenzte Energie. Er meinte, daß das beste Training ohne Abwechselung langweilig wird und die Spieler dann keine Lust mehr haben mitzuziehen. Das immer gleiche Schema frustriert. Darum ließ er sich ständig etwas einfallen: Einmal brachte er eine Aerobic-Lehrerin mit, das gab natürlich ein großes Hallo, und alle machten dann schon allein aus »Spaß an der Freud« mit. Dann sind wir mal in die Alpen gefahren und haben ein Höhentraining gemacht. Mal gab's ein Spiel vor dem eigentlichen Training, mal eins danach. Wir wußten nie ganz genau, was uns erwartete. Sein Erfolg lag auch darin, daß die Spieler immer neugierig waren, was als nächstes kommen würde.

Christoph Daum wirkte immer sehr glaubwürdig, jemand, dem man vertrauen konnte, und zugleich einer, der persönliche Autorität besaß. Eine sehr gute Mischung aus Freundlichkeit und Distanz, wie ich fand.

Er war von allen anerkannt und bei den Spielern beliebt, und auch das machte die Vereinsführung nervös. Darüber hinaus waren sie ihm intellektuell einfach nicht gewachsen und hatten Angst vor seinem Einfluß im gesamten Verein.

Das war dem Präsidenten zuviel, und man setzte ihn einfach vor die Tür. Besonders hinterlistig fand ich, daß das während der Fußball-WM 1990 passierte: Einige wichtige Spieler hielten sich im Ausland auf, und das Interesse der Öffentlichkeit war auf die WM konzentriert. Mir hat dieser Rausschmiß persönlich sehr leid getan, weil ich mich mit Daum sehr gut verstanden hatte. Ich empfand es allerdings auch unter rein fachlichen Gesichtspunkten als eine totale Fehlentscheidung.

Was war 1990 anders?

In Italien klappte dafür der Start grandios – allerdings mehr für die Mannschaft als für mich persönlich. Das erste Spiel gegen Jugoslawien gewannen wir gegen ein Team aus großartigen Einzelspielern, die jedoch nie zu einer Einheit fanden, mit 4:1. Sogar von Beckenbauer, der aufgrund seiner sehr hohen Ansprüche nie richtig zufrieden mit unserem Spiel war, hörten wir kein kritisches Wort.

Ich begann die Weltmeisterschaft wieder auf der Ersatzbank und war frustriert wie noch nie. Die dritte Weltmeisterschaft, an der ich teilnehme, und ich bin

nicht dabei. Doch in der 74. Minute des Jugoslawien-
spiels schickte mich Beckenbauer aufs Feld, und weil
alles so gut geklappt hatte, wechselte er mich im zweiten Spiel gegen die Vereinigten Arabischen Emirate
schon zu Beginn der zweiten Halbzeit ein.

Mitentscheidend für den späteren Erfolg war bereits
die Wahl des Quartiers. In der Villa Erba, in der wir
wohnten, war nur Platz für die Spieler – nicht für Journalisten. Selten habe ich bei einem Turnier so schön
gewohnt: Die Räume hatten eine sehr angenehme
Größe, das Haus war nicht die sonst typische Kaserne
mit Mannschaftsräumen und Besprechungszimmern.
Alles war eher untypisch für ein Sportlerquartier, und
das wirkte sich positiv auf unsere Stimmung aus. Es
gab keine aggressiven Auseinandersetzungen unter

In der Villa Erba, dem wunderschönen WM-Quartier 1990, mit Franz
Beckenbauer und Lothar Matthäus.

den Spielern wie noch in Mexiko 1986, und ich fühlte mich in der Gruppe mit den Kölnern Bodo Illgner, Paul Steiner und Thomas Häßler richtig wohl. Auch mit Andreas Köpke, mit dem ich das Zimmer teilte, kam ich prima aus. Ein Spaß, wie ich ihn mir mit Bodo Illgner mit den Journalisten erlaubte, wäre 1986 undenkbar gewesen: Bodo griff sich plötzlich die Kamera eines Fernsehteams, und ich interviewte die Journalistin, die zuvor mit uns ein Gespräch geführt hatte.

Die unmittelbare Umgebung ist für den Erfolg oder Mißerfolg in einem einzelnen Spiel oder gar einem Turnier von großer Bedeutung. Zu dieser Umgebung gehört nicht nur das Quartier, sondern auch das Stadion bis hin zur Kabine und den Duschräumen. All das beeinflußt die physische und mentale Verfassung sehr. Wenn ich mich nur an die absolut triste Kabine beim UEFA-Cup-Halbfinale in Waregem erinnere – als wir da reinkamen, war uns irgendwie schon klar, daß wir dieses Match nicht selbstsicher und erfolgreich bestreiten würden.

Ich glaube zum Beispiel, daß Klaus Allofs, der ein Spitzenfußballer ist, in der Nationalmannschaft deshalb nie so richtig auf der wirklichen Höhe seiner Leistungsfähigkeit spielte, weil die Umgebung für ihn meistens nicht stimmte.

Franz Beckenbauer war reifer und ruhiger geworden, und auch sein Umgang mit der Presse verlief wesentlich reibungsloser als vor vier Jahren. Er hatte sich in den Jahren von 1984 bis 1990 vor allem in seiner Einstellung gegenüber Problemen verändert: Er war ge-

lassener geworden und nicht mehr ein solcher Hitz-
kopf. Trotzdem konnte er immer noch ganz schön aus
der Haut fahren, wie wir nach dem Viertelfinalspiel
gegen die Tschechoslowakei erleben durften. Da hat
er uns gewaltig zusammengebrüllt. Ich empfand so
einen Ausbruch bei ihm sogar mal als ganz angenehm,
das machte ihn menschlicher. Da war er dann auch
einer, der nicht weiß, wie's weitergeht, und stinksauer
ist, weil etwas nicht geklappt hat. Die Überlegenheit
und Gelassenheit, die er ansonsten zur Schau trägt,
kann einem auch auf die Nerven gehen, vor allem,
wenn man weiß, daß es innen drin ganz anders aus-
schaut. Grundsätzlich ließ er aber bei dieser WM keinerlei Unruhe entstehen, er war als Persönlichkeit einfach überragend stark. Vielleicht spürte er auch, daß
er einen Traum verwirklichen konnte: als erster nach
dem Brasilianer Zagalo sowohl als Spieler wie auch als
Trainer Weltmeister zu werden.
Berti Vogts war zusammen mit Holger Osiek Ko-Trainer und arbeitete hervorragend mit Beckenbauer zusammen. Vogts' Berichte von den anderen Spielen, die
er für Beckenbauer beobachtet hatte, gingen immer
bis ins letzte Detail. Sie enthielten eine Unmenge an
Informationen über Spieler, Taktiken und Tagesform.
Beckenbauer war von diesen Berichten immer begeistert, und Vogts war für ihn in Italien der ideale Helfer,
der seine Aufgabe zweihundertprozentig erfüllte.
Mir persönlich fehlte in dieser wunderbaren Lage nur
noch eins: das Vertrauen des Teamchefs. Und die Ge-
wißheit, daß ich regelmäßig zum Einsatz käme. Ich lag

Gegen Kolumbien erzielte ich das Tor, das mir den Weg ins Finale ebnete (am Boden: Valderrama).

damals manche Nacht wach und versuchte hunderte Male, mir den möglichen Gedankengang Beckenbauers vorzustellen. Welche Gründe gab es, die für meine Aufstellung sprachen? Warum könnte er auf mich verzichten? Zu den schlimmsten Qualen zählt, bei einer Weltmeisterschaft auf der Bank sitzen zu müssen.

Auf dem Weg ins Finale

Das entscheidende Spiel, mit dem ich mich durchsetzte, war das gegen Kolumbien. Wieder spielte ich nur die zweite Halbzeit und wurde noch dazu ausgerechnet für meinen Freund Thomas Häßler eingewechselt, der sich verletzt hatte. Doch in diesem Match gelang mir in der vorletzten Minute ein wichtiges Tor.

Ich drängte daraufhin Beckenbauer, mir einen Stammplatz zu geben. Je näher wir den wichtigen Endrundenspielen kamen, desto nervöser wurde ich, ob ich nun eingesetzt werden würde oder nicht. Nach den Vorrundenspielen, bei denen ein Unentschieden oder sogar eine Niederlage ja noch nicht das Ende aller Chancen bedeutet, begann das Achtelfinale. Unser Gegner war Holland, wie so oft eine der stärksten Mannschaften des Turniers.

Ich durfte zum erstenmal bei diesem Turnier volle neunzig Minuten spielen. Ein total ausverkauftes Stadion in Mailand, Tausende deutscher Fahnen, es war eine unglaubliche, aber auch bedrohliche Stimmung. In der 22. Minute kam es zur Auseinandersetzung zwischen Völler und Rijkaard. Nach einem Foul von Rijkaard an Völler und einer gelben Karte bespuckte er ihn von hinten. Völler beschwerte sich beim Schiedsrichter, daraufhin gab er auch ihm eine gelbe Karte. Wenige Minuten später krachten die beiden wieder zusammen. Diesmal zog Rijkaard Völler am Ohr, dieser wehrte sich. Ende des Dramas: Beide wurden vom Platz geschickt. Nach dem Ausfall von Völler rückte ich in den Sturm vor und kämpfte bis zur neunzigsten Minute so, daß ich halbtot vom Platz stolperte. Es war unglaublich anstrengend, zehn gegen zehn zu spielen, und von diesem Spiel hing enorm viel ab. Daß wir noch 2:1 gewonnen haben, war einerseits Glück, anderer-

seits Ergebnis einer geschlossenen Mannschaftsleistung: Jeder agierte nach dem Ausschluß von Völler
und Rijkaard sehr vorsichtig. Selten habe ich Franz
Beckenbauer so gelöst und zufrieden erlebt wie nach
diesem Spiel.

Ich war mir nach dem Match gegen Holland sicher,
nun einen Stammplatz für den Rest der WM zu haben.
Besser konnte ich nicht spielen, und mehr Kräfte
konnte ich auch nicht mobilisieren. Doch im nächsten
Spiel klappte plötzlich nichts mehr. Es gibt wohl im
Fußball auch unter Profis keinen größeren Irrtum, als
zu glauben, nach einem guten Spiel müßten nun nur
noch gute folgen. Man erlebt einen Tag, an dem alles
gelingt, und vierundzwanzig Stunden später steht man
da wie ein Anfänger und versteht die Welt nicht mehr.
Im Viertelfinale gegen die Tschechoslowakei ging
plötzlich alles schief, und da ich mich selbst hasse,
wenn ich schlecht spiele, so wie ich auch nicht verlieren kann, ärgerte ich mich nach diesem knappen Sieg
zu Tode. Gerettet hat uns eine völlig absurde Entscheidung des Schiedsrichters. Moravcik wurde wegen
eines kuriosen »Fouls« vom Platz geschickt. Als er in
einer Situation zum wiederholten Mal ausgespielt
worden war, ich kann's sogar selbst gewesen sein, war
er so wütend, daß er seinen gelockerten Schuh durch
die Gegend fliegen ließ. Daraufhin erhielt er vom
österreichischen Schiedsrichter Helmut Kohl die rote
Karte. Selten hab' ich so eine Fehlentscheidung erlebt.
Im Viertelfinale einer WM eine Mannschaft mit einem
Platzverweis zu bestrafen, nur weil ein Spieler seinen

Schuh verliert, das ist wohl eine einsame Großtat in der Geschichte von falschen Schiedsrichterentscheidungen. Die WM in Italien bildete insgesamt sowieso nicht unbedingt einen Höhepunkt in der Arbeit der Schiedsrichter.

Wir spielten schlecht, und mir ging die Luft aus. Wir agierten gegen zehn Tschechen zunehmend verkrampft und gewannen mit sehr viel Glück durch Lothar Matthäus' Elfmeter mit 1:0. Beckenbauer war wie erwähnt unheimlich wütend und prophezeite uns für das Halbfinale nur geringe Chancen, wenn wir wieder so spielen würden. Ich wurde in diesem Spiel sehr unangenehm gefoult: Ein Tscheche trat mir gegen das Knie. Es tat im Moment sehr weh, der Schmerz verging jedoch wieder. Heute glaube ich, daß nach diesem Foul das Kreuzband im Knie bereits angerissen war. Ich mußte in den folgenden Tagen unheimlich die Zähne zusammenbeißen, um nicht aufzugeben; ich wollte meine mögliche Finalteilnahme auf keinen Fall durch eine Verletzung gefährden und auch der Mannschaft keinen Totalausfall antun. Deshalb kühlte ich auf dem Zimmer, damit die anderen es nicht mitbekamen, das Knie intensiv mit Eisbeuteln. Andreas Köpke, mein Zimmerkumpel, wunderte sich dann allerdings bald, was ich da immer rumdokterte.

Im Training versuchte ich, so gut es ging, vor allem Franz Beckenbauer meine Verletzung nicht merken zu lassen. Beim Schußtraining belastete ich das rechte Bein so wenig wie möglich und schoß fast nur mit dem linken Fuß. Unter dem Druck des Turniers war mein einziger Gedanke: Du mußt unbedingt durchhalten. Mir war damals nicht bewußt, daß ich durch dies Verheimlichen bis ins Finale das Risiko einging, im Endspiel überraschend ausgewechselt werden zu müssen und damit vielleicht das ganze Konzept des Trainers oder der Mannschaft zu gefährden.

Ein paar Wochen später holte ich mir jedenfalls genau an der Stelle einen Kreuzbandriß.

Im Halbfinale gegen England stellte mich Beckenbauer nicht auf, und ich war völlig entnervt. Ich wußte, daß ich gegen die Tschechen nicht besonders gut gespielt hatte, aber die ganze Mannschaft war nicht viel besser gewesen als ich. Ich konnte mir nun leicht ausrechnen, daß Franz Beckenbauer, falls unsere Mannschaft gewinnen sollte, dasselbe Team auch fürs Finale nominieren würde. Spielte die Mannschaft schlecht, dann würde sie keine Chancen gegen das Team aus England haben, das in Italien stark auftrumpfte. Also auch in diesem Fall ein Finale ohne mich.

Ich saß am Spielfeldrand auf der Bank, und mir gingen die typisch zweischneidigen Gedanken aller Reservespieler durch den Kopf. Wenn die da nur ein bißchen schlecht spielen würden, hätte ich die Chance auf einen Einsatz. Aber wer wünscht sich schon, daß seine eigene Mannschaft in so einem wichtigen Spiel Fehler macht? Ich war fürchterlich aufgeregt, versuchte halbwegs ruhig auf der Bank zu sitzen und hatte nur einfache Latschen an, keine Fußballschuhe.

Auf jeden Fall spielten Thomas Häßler und Olaf Thon

für Uwe Bein und mich, und ich mußte mich wirklich zurückhalten, um vor Wut nicht auszurasten. Nicht einmal das Argument, Franz Beckenbauer wolle mit Häßler, Thon und Matthäus den großen, kopfballstarken Engländern nur kleine Spieler entgegenstellen, überzeugte mich. Klein war ich selbst, und trotzdem saß ich auf der Bank. Bei diesem spielerisch nicht berauschenden, jedoch unglaublich spannenden Match, das wir mit viel Glück im Elfmeterschießen gewannen, erinnere ich mich besonders gut an Gary Lineker, der den Ausgleich für England erzielte und heute ebenfalls in Japan spielt. Als das Spiel zu Ende war, stürmte ich voll Begeisterung in meinen Badelatschen aufs Spielfeld, und all meine Wut darüber, daß ich nicht dabeisein durfte, war vergessen. Wir hatten es zum drittenmal hintereinander geschafft. Wir erreichten das Finale. Jetzt kam das Zittern vor der Aufstellung für das Endspiel.

Ich hatte während der Nacht Alpträume. Stellt er mich auf oder nicht, sitz ich wieder wie vor vier Jahren auf der Bank, oder läßt mich Franz Beckenbauer endlich auch einmal bei einem so wichtigen Spiel mitmachen?

Sieg in Rom

Als ich erfuhr, daß ich mit dabeisein würde, war ich so glücklich wie schon lange nicht mehr. Beckenbauer sagte zu mir, er hätte sich für meinen Einsatz entschieden, weil ich mehr Erfahrung hätte als andere, die auch in Frage gekommen wären. Das nahm ich ihm nicht so ganz ab. Er war nicht der Typ, der jemandem einen Gefallen tat, wenn es nicht in sein Konzept paßte. Es gab bei ihm immer eine strategische Überlegung als Grundlage seiner Entscheidung. Thomas Häßler spielte neben mir, und wir waren aus Kölner Tagen ein geübtes Duett.

Vor dem Spiel liefen wir auf den Rasen, um uns aufzuwärmen und den Platz zu testen. Wir spürten die gute Stimmung, sahen die vielen deutschen Fahnen und hörten die Rufe. Ich schaute immer wieder in die Menge und versuchte jemanden zu erkennen. Für mich ist das nicht immer nur eine Masse aus anonymen Gesichtern, ich sehe gerne die einzelnen Menschen, wie sie sich freuen oder ärgern.

Ob wir damals eher gut oder mäßig gespielt haben, darüber ist viel geschrieben worden. Es gab während dieser Weltmeisterschaft sicherlich bessere Spiele, und wenn ein Finale durch einen Elfmeter entschieden wird, und es ist auch noch das einzige Tor, dann sind die Erwartungen doch etwas enttäuscht. Für uns Spieler wurde das alles jedoch zum schönsten Fußballerlebnis, das man sich als Profi erträumen kann.

Ich hatte im Spiel zwei gute Chancen, verfehlte jedoch leider das Tor. In der einen Situation spielte ich an der Strafraumgrenze vier Gegner aus, einen nach dem anderen, machte einen Haken und schoß blitzschnell aufs Tor. Die Entscheidung fiel in der 85. Minute. Als Brehme den Ball vom Elfmeterpunkt ins Tor gezirkelt hatte, stürzte sich fast die ganze Mannschaft auf ihn. Die letzten Minuten versuchten wir nur noch den Ball zu halten. Später erzählte mir ein Freund, der Fernsehkommentator hätte mich im Verlauf des Spiels häufiger kritisiert, weil ich den Ball zu lange gehalten und, wie schon so oft, zu viel gedribbelt hätte. Dann aber, in den letzten Minuten, hätte er mich fast angefleht, den Ball zu halten und zu tricksen, so lange es ging, je länger, desto besser.

Wir waren die eindeutig bessere Mannschaft und haben verdient gewonnen. Am besten haben mir bei uns Andi Brehme, Guido Buchwald und Rudi Völler gefallen, aber die Mannschaft dominierte das Spiel an sich auf allen Positionen, auch wenn die Argentinier durch ihre Unbeherrschtheit am Ende unseren Sieg begünstigten.

Natürlich war Maradona der große Star auf dem Platz. Ich halte ihn immer noch für den Besten der Welt. Dies war allerdings nicht sein Tag gewesen, und als er die Trophäe für den Vize-Weltmeistertitel nach dem Spiel übernahm, rollten ihm die Tränen über die Wangen. Wir liefen die Ehrenrunde mit dem Pokal, Matthäus, Brehme und ich vorneweg. Wir waren die drei Ältesten in der Mannschaft. Nach zwei verlorenen Finalspielen endlich Sieger.

Wie läßt sich beschreiben, was man dabei empfindet? Es ist sicherlich der absolute Höhepunkt in der Karriere eines Fußballers. Die enorme Anspannung aus den vielen Wochen der Vorbereitung und den Spielen bis zum Einzug ins Finale machte es einem schwer, sich tief zu freuen. Wir wurden zu kleinen Kindern, sprangen herum, grölten, lachten, fielen uns um den Hals, und kein Unsinn war uns zu albern. Abends badeten wir in Sekt, tranken, sangen, die Flaschen rollten durch unsere Hotelzimmer, wenn einem von uns noch etwas absolut Verrücktes in den Sinn gekommen wäre, wir hätten es sofort gemacht.

Aber diese Ausgelassenheit hat auch einen Hauch von Verzweiflung: Nun ist alles vorbei, und die Riesenfreude ist ein kurzes Erlebnis im Vergleich zu dem langen Weg dorthin. Für Fußballer ist es gar nicht so einfach, mit einem großen Erfolg fertigzuwerden. Wie viele Stunden oder Tage kann man schon singen, tanzen, schreien und saufen? Die Ausgelassenheit nach so einem Sieg ist mehr die Erschöpfung nach der tage-

Ein Traum ist in Erfüllung gegangen: nach dem Sieg in Rom mit Lothar Matthäus (und Andreas Brehme, im Hintergrund).

187

langen Anspannung als echte Freude. Die muß man ohnehin tief in sich drin empfinden.

In Frankfurt gab es nach der Rückkehr einen gigantischen Empfang. Wir wollten alle etwas ins Mikrofon sprechen, doch es wurde nur ein Gekrächze, wir konnten keinen einzigen normalen Satz mehr herausbringen. Mir hatte noch in Italien ein Fan eine Deutschlandfahne geschenkt. Die hatte ich bis nach Frankfurt mitgenommen. Sie stank bereits nach dem Sekt, der immer wieder darübergegossen worden war, aber das störte mich nicht. Ich trug sie um den Körper gewikkelt während der ganzen Fahrt durch die Stadt und sah aus wie Batman. Alle waren berauscht vom Glück und vom Alkohol.

Selbst Franz Beckenbauer wandelte sich nach diesem Sieg zu einem lockeren, freundlichen, fast warmherzigen Menschen, was sehr untypisch für ihn war. »Ihr könnt jetzt alle Du zu mir sagen«, erklärte er uns sogar. Zu Beginn konnten wir uns nicht daran gewöhnen. Er bestand immer auf dem notwendigen Respekt und auf Distanz. Nur Augenthaler war per Du mit ihm, weil sie sich von München kannten. Ich weiß noch, wie wir den Andi Möller, damals einer der jungen Spieler, zu Beckenbauer schickten und ihm sagten, er solle ihn doch einfach mal mit Franz ansprechen. Er hat es einfach nicht geschafft.

Das Eis war gebrochen, alle feierten miteinander, doch langsam schlich sich dann eine gewisse Leere von unten bis in den Kopf hinauf. Mit dem Sieg im Endspiel war zugleich auf einen Schlag alles vorbei. Und die

Rückkehr nach dem Sieg in Rom: in Weilerswist, umgeben von Fans.

Zelte werden immer schnell abgebrochen. Man packt seinen Koffer, fliegt nach Hause, dort wird weitergefeiert, doch dann ist auch das vorbei. Und zwar auf immer und ewig. Dieses Erlebnis, dieses besondere Spiel in Rom 1990 mit dieser Mannschaft wird sich nie wiederholen. Und diese Form von Endgültigkeit läßt einen trotz des Erfolges fast einsam zurück. Die Mannschaft geht auseinander, und man sieht sich nicht mehr, vielleicht nie wieder in dieser Zusammensetzung. Ein sehr kurzes Glück, danach lebt nur noch die Erinnerung, aber den Titel Weltmeister und die Glücksmomente kann einem niemand mehr nehmen.

Elf Freunde müßt ihr sein?

Diese WM signalisierte einen Wendepunkt in der Entwicklung des Fußballs. Es wurden nur relativ wenig Tore erzielt, und viele Spiele endeten erst mit einem Elfmeterschießen. Es sind nicht mehr die einzelnen Stars, die mit ihren Toren ein Spiel oder die ganze Weltmeisterschaft entscheiden. Die WM 1990 hat gezeigt, daß das beste Team gewinnt, auch wenn in ihm die großen Genies fehlen: Wir hatten keinen Beckenbauer, keinen Cruyff, keinen Maradona. Das geniale Fußballtalent hat uns nicht zum WM-Titel geschossen. Das hervorragend eingespielte Team gewinnt, die Mannschaft, in der es keine Schwachstellen gibt und in der jeder Spieler jede Aufgabe im Mannschaftsgefüge übernehmen kann. Das war für mich auch die tolle Leistung Franz Beckenbauers: mit einer Mannschaft, die sicherlich nicht die besten Einzelspieler des Turniers hatte, alle anderen zu schlagen. Wir hatten als Weltmeister auch nur den dritten Platz in der Torschützenliste durch Lothar Matthäus belegt.

Durch diese starke Mannschaftsleistung wächst jedoch auch die Abhängigkeit jedes einzelnen Spielers von der Gruppe. Ist sie gut, so ist auch er gut. Geht in der Mannschaft nichts, so hat auch er keine Chance. Durch dieses zunehmende Gruppengefühl bei Sieg und Niederlage wird auch der persönliche Erfolg nur zum Resultat der mannschaftlichen Spielstärke. Eine wachsende Zahl verschiedener Spieler erzielt immer weniger Tore. Immer mehr Spieler besitzen ein vergleichbares spielerisches Niveau. Keiner ist unersetzbar. Jeder muß damit rechnen, daß er bei der nächsten Aufstellung übergangen wird. Der Druck wächst, die Unsicherheit, die Konkurrenz und auch die Einsamkeit nach den Spielen.

Denn wer glaubt, daß die stärkere Betonung des Mannschaftsspiels auch eine nähere Beziehung der Spieler untereinander mit sich bringt, irrt gewaltig. Es gibt unverändert eine ganz strikte Hierarchie innerhalb einer Mannschaft: die Führungsspieler, die Mitläufer und die, die nichts zu sagen haben. Eine gut strukturierte Ordnung innerhalb einer Mannschaft kann für sie von großem Nutzen sein, einzelne Führungsfiguren können dann für das gesamte Team Dinge durchsetzen, die der einzelne allein nie schaffen würde.

Die Spieler werden selbstverständlich auch vom Trainer unterschiedlich behandelt, und es kann wie in jeder Gruppe, in der es zu viele Leitwölfe gibt, zu Streit kommen. In der Nationalelf ist gerade das ein besonderes Problem, weil dort eine Ordnung herrscht, in der an sich nur Leitwölfe agieren. Die Nationalspieler sind in ihren Klubs meist die Führungspersönlichkeiten, und bei einer WM müssen sie nun plötzlich zurückstecken und sich in eine Mannschaft einordnen. Paul Breitner und Karl-Heinz Rummenigge waren zum Beispiel bei den WMs von '82 bzw. '86 die autoritären Typen, die sich immer durchsetzten, während Spieler wie Hansi Müller und Felix Magath das Gegenteil darstellten und dann oft ihre Fähigkeiten überhaupt nicht

oben: Mit Monika und
meinem Freund Frank
Ordenewitz bei einem
Fest.
links: Ein guter Freund:
Wolfgang Rolff.

192

richtig entfalten konnten, weil sie einfach zu ruhig und zurückhaltend waren.

Richtige Freundschaften, die über den Fußball hinausreichen, können sich, auch aus solchen Gründen, nur schwer entwickeln. Wirklich angefreundet habe ich mich während all der Jahre an sich nur mit Thomas Kroth, Wolfgang Rolff und Frank Ordenewitz.

Ich habe 1990 selbst miterleben müssen, wie schnell die große Kameradschaft von Rom vergessen war.

Nachdem wir in Italien noch Freudentänze aufgeführt und uns in den Armen gelegen hatten, schwärzte mich Lothar Matthäus ein paar Wochen später öffentlich an und warf mir vor, ich versuchte mit den Spielern – ohne deren Zustimmung – »krumme Geschäfte« zu machen. Hintergrund war ein lächerliches kleines Buch mit Fotos, die ich selbst während der WM aufgenommen hatte. Das Ganze hätte vielleicht ein paar tausend Mark gebracht, die ich ohnehin einer karitativen Organisation spenden wollte.

Matthäus behauptete nun öffentlich, daß ich die ganze Sache bereits vor der WM geplant hätte, niemandem etwas gesagt und heimlich den großen Reibach damit hätte machen wollen. Ein lächerlicher Vorwurf.

Ich war damals unheimlich enttäuscht von Matthäus. Er fand überhaupt nichts dabei, die Frauen der anderen Spieler während der WM privat zu einem Essen einzuladen und mit einer Illustrierten heimlich darüber eine Geschichte zu vereinbaren. Silvia Matthäus verlangte von den Ehefrauen, daß sie sich im Garten in einer Reihe aufstellten, damit der Fotograf ein paar schöne Bilder machen konnte. Keiner hat damals danach gefragt, was dafür bezahlt wurde.

Aber mich dann zu verdächtigen, daß ich hinterrücks dicke Geschäfte mache, das erschien mir typisch für die ganze Atmosphäre nach der Weltmeisterschaft. Ich kannte Lothar Matthäus noch aus gemeinsamen Spielen mit der Junioren-Nationalmannschaft, er ist ein halbes Jahr jünger als ich, wir waren bei drei Weltmeisterschaften zusammen, und dann stellt er mich als Betrüger hin.

Vielleicht war es ein Fehler, dieses Fotobuch zu machen, ohne die anderen zu informieren. Aber für mich geht es um die Art und Weise, wie Menschen miteinander umgehen, die wenige Tage zuvor noch glückstrahlend wie die Kinder miteinander herumgetollt sind. Ich kann doch von einem Mitspieler erwarten, daß er mich direkt mit dem konfrontiert, was ihn stört. Muß er das über die Presse machen? Sich ausgerechnet des Mediums zu bedienen, das man als Fußballstar so oft verurteilt, weil es sich sensationsgeil auf alles stürzt? Aber das ist eben oft der Weg, ob nun bei Konflikten im Verein oder in der Nationalmannschaft: Man ist, gerade bei WM-Tunieren, an sich ständig ganz nah zusammen, beim Training, vor und nach dem Spiel, im Quartier – aber ein ehrlicher, freundschaftlicher, auch mal kritischer Meinungsaustausch passiert fast nie. Jeder fürchtet um seine Position und will keine vermeintliche Schwäche zeigen, jeder Mannschaftskamerad ist ein potentieller Konkurrent.

Ich war jedenfalls enttäuscht und wütend. Jahrelang

hatte ich immer versucht zu vermitteln, wenn es Streit gab, war die Stimmungskanone und hatte mich persönlich um diesen oder jenen gekümmert, wenn es ihm schlechtging und er Hilfe brauchte. Aber nach dieser Kriegserklärung von Matthäus nahm ich mir vor, mich auf den Fußball und nichts anderes zu konzentrieren.

Götterdämmerung beim FC

Da geht's lang!

Doch mein persönlicher Absturz nach dem Erfolg in Rom hatte erst begonnen. Die Bundesligasaison 1990/91 entwickelte sich zur absoluten Katastrophe für mich. Ich hatte schon seit Jahren immer wieder Schmerzen im rechten Knie, die mal kamen und dann wieder verschwanden. Während der Weltmeisterschaft mußte mir der Mannschaftsarzt helfen, aber ich wollte mich nie genau untersuchen lassen. Irgendwie fürchtete ich mich vor einem Ergebnis, das meine ganze Laufbahn beeinträchtigen könnte. Aber das ständige Verschieben einer gründlichen Untersuchung zahlte sich natürlich überhaupt nicht aus, die Situation wurde nur schlimmer. Es passierte am 25. August 1990 im Spiel gegen Werder Bremen. Ich grätschte an der Außenlinie gegen Neubarth und verdrehte das Knie. In der 64. Minute zwangen mich die starken Schmerzen, den Trainer um eine Auswechslung zu bitten.

Unser Vereinsarzt, Dr. Enderer, bestand darauf, daß ich eine Kniespiegelung machen ließ. Ich war blöd damals und verweigerte den Eingriff. Sogar Jürgen Schäfer, unser Masseur, riet mir, ins Krankenhaus zu einer genauen Untersuchung zu gehen. Doch damals packte mich die Angst, unter der viele Spieler leiden, die die Dreißig bereits überschritten haben. Man fürchtet die Konkurrenz der Jungen. Der Gedanke, der eigene

Stammplatz könnte von einem anderen eingenommen werden, wenn man einige Wochen aussetzt, ist so quälend, daß man eher auf eine medizinische Untersuchung verzichtet.

Auch die Verantwortlichen im Verein erleichtern einem schwer verletzten Spieler die Situation nicht, sondern üben oft noch zusätzlich großen Druck auf ihn aus. Das geschieht natürlich ganz geschickt: Da wird nicht öffentlich verkündet: »Der muß jetzt endlich wieder spielen«, sondern mir wurde in solchen Fällen meist indirekt bedeutet, der Verein brauche mich, wichtige Spiele seien verloren worden, aber trotzdem: »Erhol' dich erstmal wieder, laß es ruhig angehen, bis du wieder richtig gesund bist.« Jeder kann sich denken, wie man auf solche »Hinweise« reagiert. Man versucht so schnell wie möglich, fit zu werden. Und der Klub unterstützt auch alles, um das zu erreichen. Und wenn du dann wieder auf dem Platz stehst, fragt keiner groß, ob du auch wirklich wieder ganz in Ordnung bist.

Die schwere Verletzung

Am 7. September trat ich beim Training in ein Erdloch, stolperte und konnte nicht mehr aufstehen. Die Diagnose des Arztes: Kreuzbandriß. Durch den Trainingsunfall seien jedoch lediglich die letzten fünfzehn Prozent der Bänder gerissen, die bereits zuvor massiv geschädigt waren. Der Großteil war bereits durch Verletzungen, die zuvor passiert waren, geschädigt worden. Die Ärzte hatten damals keine sehr guten Nachrichten für mich. Ich sei bereits dreißig Jahre alt und eine Genesung in diesem Alter sehr langwierig, sagte der eine, und andere sprachen sogar von der Möglichkeit, daß ich vielleicht nie wieder spielen könnte.

Im Krankenhaus erklärte man mir, daß durch meine krummen Beine die Knie besonders stark belastet seien. Heute würde man einem Kind, das solche verkrümmten Knochen habe, mit medizinischen Mitteln die Beine geraderichten, und ein Arzt wunderte sich, daß man mir in Berlin in meiner Kindheit nicht geholfen hätte.

Es waren schreckliche Wochen für mich: Ich konnte nächtelang nicht schlafen. Das rechte Bein wurde Tag und Nacht auf einer Motorschiene bewegt, damit die Bänder nicht verklebten. Gleich nach dem Aufwachen aus der Narkose rief ich Erich Rutemöller, unseren Trainer, an und versicherte ihm, daß ich bald wieder spielen könnte. Ich wollte unter allen Umständen verhindern, daß der Verein bereits einen dauerhaften Ersatz für mich einplante. In den Wochen nach der Operation kämpfte ich mit allen Mitteln um meine Genesung. Der Gedanke, nicht mehr Fußballspielen zu können, erschreckte mich so, daß ich verbissen trainierte, und tatsächlich heilte das Knie viel schneller als erwartet. Mir half damals der Masseur Dieter Siegmund, der mich täglich behandelte. Er fuhr sogar nach Fuerteventura mit mir und ließ mich dort barfuß auf Kieselsteinen laufen. Er hatte eine ganz spezielle

Ein spektakuläres und strapaziöses Comeback gegen den VfB Stuttgart nach acht Monaten Verletzungspause.

Aufbaumethode ohne Kraftmaschinen und Medika-
mente. Ich glaube, ich habe ihm sehr viel zu verdan-
ken, denn acht Monate später konnte ich das erstemal
wieder mit dem FC Köln auflaufen.

Kaum konnte ich wieder normal gehen, war ich schon
im Trainingslager gewesen. Ich wollte einfach nur da-
sein, damit mich die anderen sahen und nicht verga-
ßen. Manchmal rollte mir der Ball vor die Füße, und ich

war nahe dran, einfach loszudonnern. Aber ich durfte nicht und fühlte mich wie ein Kettenraucher, dem ein Glimmstengel vor der Nase pendelt und der nicht zugreifen darf.

Die Rückkehr nach meiner Verletzung wurde vom Verein wie eine Show inszeniert. Wir mußten gegen den VfB Stuttgart im Viertelfinale des DFB-Pokals antreten. Trainer bei den Stuttgartern war inzwischen Christoph Daum, der uns ja lange betreut hatte und uns daher sehr gut kannte. Er war im November 1990 nach Stuttgart gewechselt, und dieses Spiel fand im April 1991 statt – es war damit das erste Match von Daum vor Kölner Kulisse nach seinem Weggang. So hart ist der Fußball: Ich, der ich seinen Rausschmiß bedauert hatte und ungerechtfertigt fand, mußte nun alles dafür einsetzen, ihm und seinem neuen Klub eine wichtige Niederlage zu bereiten.

Wir planten, die Stuttgarter einfach zu überraschen. Sie spielten in der Phase sehr gut und waren für uns ein fast übermächtiger Gegner. Schon während der Vorbereitung trainierte ich nur sporadisch mit, humpelte immer wieder herum, wenn Zuschauer in der Nähe waren, und spielte den Verletzten, der erst langsam die ersten Ballkontakte auf dem Rasen wagte. In den Zeitungen erschienen Artikel, in denen ausführlich über Komplikationen berichtet wurde und wie lange es wohl noch dauern werde bis zum ersten Einsatz in der Mannschaft. Die ganze Sache war ein inszeniertes Täuschungsmanöver.

Selbst als wir mit dem Bus ins Stadion fuhren, trug ich

als einziger Spieler immer noch Straßenkleidung. Bis zur letzten Minute wollten wir den Stuttgartern etwas vormachen. Dann wurden die Mannschaftsaufstellungen bekanntgegeben. Auf der Spielerliste stand hinter der Nummer zehn, die ich immer trug, kein Name. Ein Raunen ging durch die Reihen der Zuschauer, keiner wußte, was das zu bedeuten hatte. Ich war verdammt nervös, die ganze Sache entwickelte sich zu einem Krimi.

Ich zog mich in der Kabine um und blieb unten sitzen, während die anderen sich bereits auf dem Rasen aufwärmten. Wieder das Rätselraten bei den Stuttgartern und beim Publikum. Wieso tauchten nur zehn Spieler auf dem Platz auf? Wer trägt die Nummer zehn? Ich hatte seit meiner Verletzung keine Spielpraxis. Ich wußte nicht, wie mich die Zuschauer aufnehmen würden, und hatte Angst, daß ich schlecht spielen würde. Mein Magen drehte sich in alle Richtungen, und ich war noch angespannter als vor dem WM-Finale in Rom.

Dreimal zog ich mir den falschen Schuh an, und die Socken paßten auch nicht. In beiden Fällen bin ich sehr abergläubisch und ein richtiger Hysteriker: Ich muß immer zuerst den rechten Schuh anziehen, sonst läuft's schief. Hab' ich den linken schon an, zieh ich ihn wieder aus und fang nochmal an. Mit meinem Sockentick habe ich schon so manchen Zeugwart zur Raserei gebracht. Es gibt so eine ideale Stärke der Socken, nicht zu dünn und nicht zu dick, und manchmal probiere ich zwei Dutzend Paare, bis eins wirklich paßt. Je nervöser ich bin, desto schwieriger wird es mit den Schuhen und Socken.

Als wir aufs Spielfeld liefen, der Stadionsprecher die Aufstellung bekanntgab und meinen Namen nannte, ging ein Aufschrei durchs ganze Stadion. Nie werde ich diesen Augenblick vergessen. Er war schöner für mich als alle Siege in den wichtigsten Spielen zusammen. Ich spielte hundertzwanzig Minuten durch, es kam zu einer Verlängerung, und wir gewannen 1:0.

Ehrlich gesagt, in diesem ersten Spiel nach meiner Verletzung war ich nicht besonders gut. Aber keiner der Stuttgarter wagte sich in meine Nähe. Es war so ein Schock für sie, daß ich wieder spielte, und die Unterstützung durch das Publikum war so riesig, daß sie Angst zu haben schienen, mich auch nur zu berühren. Ich schoß in der Verlängerung einen Freistoß, und Maurice Banach konnte den abgewehrten Ball ins Netz jagen. So trug ich auch noch einen kleinen Teil zum Sieg bei.

In diesem Spiel wurde noch die kleinste Aktion von mir bejubelt. Für jeden kleinen Trick, jeden Haken, jedes Dribbling belohnte mich das Publikum. Ich glaube, es war einer der schönsten Tage in meinem Leben.

Krise

In dieser Zeit erlebte ich keinen Erfolg ohne Rückschläge. Nachdem ich die ersten Spiele nach dem Neubeginn absolviert hatte und mir einbildete, wieder ganz da zu sein, kam der Zusammenbruch ausgerechnet im Pokalfinale gegen Werder Bremen im Juni 1991. Der FC hatte eine Woche vor dem Endspiel in letzter Minute eine UEFA-Cup-Teilnahme verpaßt, und so lastete auf uns ein riesiger Druck, uns durch einen Sieg im Pokal den Platz in einem internationalen Wettbewerb zu sichern. Ich war noch nicht wieder fit genug und verschoß den entscheidenden Elfmeter.

Es war eine im Profifußball häufige Konstellation: Ich hatte nach einer langen Verletzung im unheimlich kräftezehrenden Spiel gegen den VfB Stuttgart alles gegeben – und dabei sicher einen großen Erfolg für mich persönlich und den Verein errungen. Die Presse sprach voll Bewunderung davon, daß ich nach einer so schweren, langwierigen Verletzung gleich wieder 120 Minuten gut durchgehalten hatte. Und auch ich selbst schwebte trotz aller enormen Anstrengung wie auf einer Wolke: all der Jubel und dazu das Gefühl, diese belastende Krise überstanden zu haben und meinem Körper wieder vertrauen zu können – das war so etwas wie physisches und mentales Doping. Aber Ivan Lendl, den ich immer sehr bewundert habe, hat mal gesagt: Vier Wochen Verletzung erfordern vier Monate, um wieder auf den alten Status quo zu kommen. Da ist was Wahres dran: Das Erfolgserlebnis gegen

Stuttgart fand seinen negativen Gegenpol im Endspiel gegen Werder. Die euphorische »Überleistung« forderte im verschossenen Elfmeter ihren Tribut.

Trotzdem würde ich sagen, daß mir persönlich das Glück nach dem Sieg über Stuttgart, dies »Du-bist-wieder-da«, mehr wert war als alle statistischen Erfolge.

Dies Versagen im entscheidenden Moment ist für einen Fußballprofi trotzdem immer eine furchtbare Situation, damals tat es mir jedoch besonders leid, weil ich unserem Trainer Erich Rutemöller den Erfolg gegönnt hätte. Unser Vereinspräsident hat damals jedoch am unfairsten auf diese verpaßte Chance reagiert. Er sagte nach dem Spiel:»Wenn der Littbarski einen Elfmeter verschießt und wir dadurch fünf Millionen verlieren, kräht kein Hahn danach, aber der Vereinsführung wirft man ständig vor, daß sie falsch investiert.« Da zeigte sich die ganze miese Stimmung im Verein, die dann auch zur Entlassung von Rutemöller führte.

Erich Rutemöller war einfach zu nett für den Job eines Bundesligatrainers, ein hervorragender Fachmann, der aber besser Ausbilder an der Sporthochschule geblieben wäre. Es war ganz typisch, daß er einmal über mich sagte:»Den Litti kann ich einfach nicht auswechseln, der ist mir zu sympathisch, und vor dem habe ich zu viel Respekt.« In solchen Aussagen zeigte sich zugleich seine Stärke und seine Schwäche. Ein Trainer, der seine Taktik nicht hart durchsetzen kann, wird von vielen Spielern schnell nicht mehr ernstgenommen.

So erging es auch Rutemöller. Hinzu kam noch der ständige Konflikt mit Udo Lattek, der sich immer in die Belange des Trainers einmischte und gegen den Rutemöller sich nicht richtig behaupten konnte.

Damals stellte ich mir oft die Frage, ob der Fußball so wichtig in meinem Leben ist, daß es ohne ihn nichts mehr geben würde. In solchen Momenten wie beim ersten Spiel nach meiner Verletzung wird einem auch die extreme Abhängigkeit vom Publikum und vom Erfolg bewußt. Wie hatte ich mich vor dem Spiel vor der Reaktion der Fans gefürchtet. So wie der einsetzende Jubel ein unglaubliches Glücksgefühl in mir auslöste, so hätte eine negative Reaktion des Publikums eine Katastrophe bedeutet.

Der Jubel ist nun mal das Brot des Spielers, und ohne ihn verhungert er. Da können zehn Zeitschriften die besten und positivsten Artikel schreiben, was man für ein toller Spieler ist und wie großartig irgendein Spiel war. Aber nichts kann den Jubel von zigtausend Menschen ersetzen.

Ich hatte während all meiner Jahre in der Bundesliga das Glück, immer sehr beliebt zu sein. Die Fans in den Stadien mochten mich, abgesehen vielleicht von Pfiffen während meiner letzten Wochen vor dem Wechsel nach Japan. Da wurde ich manchmal auswärts von bestimmten Fans ausgebuht, und das schafft mich immer total. Ich kann damit einfach nicht umgehen. Ich habe damals auch in Interviews erklärt, daß ich nicht mein Spiel machen kann, wenn man mich auspfeift, da würde ich lieber gleich aufhören.

Natürlich versucht man als Fußballprofi nach einiger Zeit auch etwas dem Klischee zu entsprechen, das die Zuschauer von einem gezimmert haben: Ich war halt der kleine Litti, der nette, sympathische, immer mal ein bißchen freche Berliner. So etwas hat Vor-, aber auch Nachteile. Zeigt man plötzlich nicht mehr das Spiel, das von einem erwartet wird, geht's einem schlecht. Aber meine Fanpost zum Beispiel war immer fast zu hundert Prozent freundlich und positiv.

Als feststand, daß ich die Bundesliga verlassen würde, erlebte ich noch einmal eine wunderschöne Überraschung. Fast jedes Auswärtsspiel wurde für mich persönlich zu einem Heimspiel: Überall empfingen mich die Fans mit Begeisterung, ich bekam Blumen überreicht und viele gute Wünsche mit auf den Weg. Das kam alles ganz spontan, und auch viele Funktionäre waren völlig überrascht, weil so etwas in der Bundesliga beim Abschied eines Profis noch nie passiert war. Das Jahr 1991/92 war jedoch insgesamt weiß Gott keine Spielzeit, in der ich mich auf den Lorbeeren ausruhen konnte. Im Verein ging es drunter und drüber. Der Trainer wurde entlassen, der Manager rausgeschmissen, der Vorstand ausgewechselt – und dann verunglückte Maurice Banach, der beste Mittelstürmer der Liga, auch noch tödlich. Sein völlig überraschender Tod war ein Schock, wie ich ihn noch nicht erlebt hatte. Ich war gut mit ihm befreundet gewesen und fiel, wie viele aus der Mannschaft, regelrecht in ein tiefes Loch. Abends nach dem Spiel in Schalke hatten wir uns noch voneinander verabschiedet, und am nächsten Tag ist er einfach nicht mehr da. Ich erinnere mich noch an die Beerdigung, er hatte zwei kleine Söhne, und die ganze Mannschaft stand dort, und niemand wußte, was er tun und wie er trösten sollte. Eine ähnlich furchtbare Situation hatte ich mit meinen gut dreißig Jahren noch nie durchstehen müssen.

Am Ende dieser chaotischen und tragischen Saison standen wir trotzdem auf Platz vier. Wir fühlten uns wie Reinhold Messner, der einen Achttausender ohne Schuhe bezwungen hatte. Was mich aber an diesem Jahr besonders ärgerte, war der Meistertitel der Stuttgarter mit Christoph Daum. Der konnte zwar dem Vorstand der Kölner auf keine elegantere Art zeigen, wen sie da ein paar Monate zuvor völlig grundlos entlassen hatten, aber wenn er geblieben wäre, hätten wir den Titel gewonnen. Da war ich mir völlig sicher.

Hätte man in den Jahren 1989/90 nur noch einen einzigen Klassemann geholt, ob nun für die Offensive oder die Defensive, dann wäre die Mannschaft auf Jahre hinaus nationale und internationale Spitze gewesen. Bei uns spielte ja praktisch eine halbe Nationalmannschaft: Illgner, Kohler, Häßler, Povlsen und ich. Nur *eine* geschickte Investition und die Sache wäre gelaufen. Statt dessen verkaufte man die guten Leute, erst Kohler, dann Povlsen und danach Häßler, ohne für adäquaten Ersatz zu sorgen; auch bei den Spielern aus der Ex-DDR ließ man sich die besten entgehen.

Ich hatte mich in der letzten Zeit mit Udo Lattek nicht mehr sehr gut vertragen und war schließlich froh, als er gehen mußte. Aber immer noch wütend war ich über den Rausschmiß von Daum. Das war die typische Handlung eines schwachen Vorstands, der auf diese Weise zeigen will, daß er doch noch die Macht hat. Die Spieler traben dann wie die Zirkuspferde zum Kratzfuß an, wenn solche Entscheidungen über Nacht gefällt worden sind. Die Teamarbeit im Training sahen die meisten Manager in deutschen Vereinen offenbar als eine rein physische und taktische Vorbereitung auf die Spiele an. Daß dahinter Menschen stehen, die oft tagelang auf engstem Raum miteinander auskommen müssen, sich gegenseitig aufbauen und einander vertrauen sollen, hat bei den meisten die grauen Zellen noch nicht erreicht.

Wir hatten damals selbst erleben können, wie ein Trainer wie Daum in Stuttgart ohne große Stars eine Mannschaft formte, die den Titel verdient hatte. Die Stuttgarter waren einfach auch die cleverste Mannschaft mit einem unglaublichen Optimismus und einer richtigen Spiellust.

Aus in der Nationalmannschaft

Deprimierend war 1992 für mich auch das Ausscheiden aus der Nationalelf. Berti Vogts stellte die Mannschaft für die Europameisterschaft zusammen, und ich war nicht mehr im Aufgebot. So einfach geht das. Nach dreiundsiebzig Länderspielen und drei Weltmeisterschaften wird man einfach aussortiert, wie auf einer Liste für den Schlachthof. Kein Anruf, kein Gespräch, keine Begründung des Entschlusses. Rein sachlich gesehen, in Ordnung: Wer schreibt schon einem Trainer vor, daß er jeden anrufen muß, den er nicht aufstellt? Aber ich hatte doch einen anderen Abschied erwartet. Dazu kam noch die lächerliche Entscheidung des DFB über die Abschiedsspiele der ausscheidenden Mitglieder der Nationalmannschaft. Nach dem Abschied für Toni Schumacher setzte der DFB die für ein offizielles Abschiedsspiel erforderlichen Einsätze im Nationalteam auf achtzig herauf. Schumacher hatte sechsundsiebzig, ich war dreiundsiebzigmal dabeigewesen. Bis heute haben nur neun Spieler mehr Einsätze als ich vorzuweisen. Ich halte immer noch den zehnten Platz

1992 trennten sich unsere Wege – hier ein Bild mit Berti Vogts in einem Trainingslager der Nationalmannschaft Anfang der achtziger Jahre.

in der ewigen Bestenliste. Aber für die Herren beim DFB reichte das offenbar nicht, um mir dieses Finale zu gönnen. Da herrschte zu dieser Zeit wohl der absolute Funktionärsdilettantismus. Niemand hatte mehr Lust, so ein Spiel zu organisieren, also erhöhten sie einfach die notwendigen Einsätze.

Nach dem Spiel für Schumacher war mir allerdings ohnehin die Lust an einem solchen Spiel vergangen. Berti Vogts funktionierte das Match, das als Geschenk für Toni Schumacher gedacht war, zu einem Probelauf für die Nationalmannschaft um. Unglaublich, was damals für Fehler gemacht wurden. Anstatt den Spielern die Gelegenheit zu geben, vor den Fans unbelastet ihr Können zu zeigen, machte man daraus eine Aufnahmeprüfung für das EM-Aufgebot.

Schon im Jahr 1991 hatte alles darauf hingedeutet, daß meine Zeit in Köln zu Ende gehen würde. Aber ich hatte keine Eile, wartete auf Angebote und zog mich in mein Haus zurück. Die Nichtnominierung für die Nationalmannschaft hatte auch Vorteile. Ich ruhte mich zu Hause aus und las meine Fanpost – schon immer ein richtiges Hobby von mir. Wenn die Großmutter meiner Frau zu Besuch kam, saß sie am liebsten am großen Tisch und hat die vielen Briefe gelesen, die ich bekam. Die lustigsten trug sie uns vor, und manchmal gab's Tränen vor Lachen. Da kamen Briefe von jungen Frauen, die behaupteten, daß sie ein Kind von mir hätten. Andere schickten eine Bankvollmacht, die sollte ich einfach nur unterschreiben und dann zurücksenden. Ein Brief ist mir noch sehr gut in Erinne-

Beim Schußtraining mit einem kleinen Bewunderer.

rung: Da schrieb mir ein junges Mädchen, daß sie mich gerne als ihren Vater hätte. Mit meinem vielen Geld könnte ich ihr alles kaufen, was sie sich wünschte, und ich wäre doch auch sicherlich kein strenger Vater und würde ihr alles erlauben. Ich hab' diese Briefe oft persönlich beantwortet. Es klingt vielleicht komisch, aber mich freut es heute noch, wenn ich Briefe von Fans bekomme.

Dieses Gefühl, von jemandem bewundert zu werden, ist sehr schön, das will ich gar nicht abstreiten. Im Gegensatz zu der oft aggressiven Kritik in den Medien hat die Verehrung durch die Fans etwas Schlichtes, fast Unschuldiges. Die nehmen einen halt so, wie man ist, solange man halbwegs guten Fußball spielt.

Wir lebten in Weilerswist eine Zeitlang in einem Reihenhaus mit einem direkten Zugang von der Straße. Der Weg führte auch an einer Schule vorbei. Da konnte es schon mal passieren, daß um kurz vor acht ein paar Kinder an der Tür klingelten und um ein Autogramm baten. Manchmal wollten sie mir auch nur ihr Pausenbrötchen schenken – es gab da schon rührende Szenen. Der Kontakt zu den Bewohnern in unserem Dorf war immer gut. Ich bin sonst keiner, der sich intensiv für soziale und politische Organisationen einsetzt, aber in der näheren Umgebung meines Wohnorts habe ich das Heim für Gehörlose unterstützt oder mich sonst zur Hilfe bereit gefunden, wenn mich jemand drum bat. Die Menschen kannten mich, sie mochten mich, ließen mir aber auch meine Ruhe.

Fressen oder gefressen werden

Privat fühlte ich mich in der Kleinstadt-Idylle bei Köln weiter wohl, aber beim FC sah es in der Saison 1992/93 düster aus. Wir kämpften gegen den Abstieg. Beim FC reagierte man auf das Abstiegsgespenst völlig hektisch und konfus. Es gibt Mannschaften, die können nicht gegen den Abstieg kämpfen, die versagen regelrecht unter dem entstehenden Druck. Für den 1. FC Köln hatte sich die Frage nach Abstieg und zweiter Liga nie ernsthaft gestellt, man sprach das auch jetzt einfach nicht an. Es galt als völlig ausgeschlossen, daß ein Verein, der von Beginn der Bundesliga an immer dabeigewesen war, nun absteigen könnte.

Es war schon fast erschreckend, mit welcher Gleichgültigkeit und Überheblichkeit wir den entscheidenden Spielen entgegensahen, so, als ginge es nicht ums Überleben, sondern um einen sicheren Platz im Mittelfeld. Aber vielleicht hat uns gerade diese Ignoranz und Selbstsicherheit am Ende gerettet, denn wir spielten ziemlich unverkrampft und waren nicht so verbissen wie die anderen.

In solchen und ähnlichen Krisensituationen melden sich natürlich oft die Altstars des Vereins zu Wort und bieten ihre »Hilfe« in Rat und Tat an. Einer davon war beim FC auch immer Wolfgang Overath. Er lag mir persönlich schon zu seiner aktiven Zeit als Spieler nicht, und ich hörte später auch von manchen seiner alten Mannschaftskameraden, daß er nicht sonderlich beliebt gewesen war. Das ist ja eher eine persönliche

Frage, er war trotzdem ein Mittelfeldspieler von internationalem Format. Was mich allerdings nervte, waren seine oft überflüssigen Kommentare zu unserem Spiel. Er zählte zu diesen scheinbar einflußreichen Menschen, die sich häufig durch negative Äußerungen in den Vordergrund drängen. Er hat uns nicht beim Training beobachtet oder das Gespräch mit uns gesucht, ich las dann allerdings ständig seine »Analysen« in den Zeitungen. Die Journalisten haben sich auf ihn gestürzt, weil sie schon bald wußten, daß von ihm kein positives Wort kam. Und er ist in meinen Augen richtig auf sie reingefallen, weil er wohl dachte, die fragten ihn, weil er so intelligent sei. Ich glaube, da muß ich ihn im Rückblick enttäuschen: Die hätten auch jeden anderen gefragt, der so negative Sachen draufgehabt hätte. Über mich hat er einmal gesagt, ich würde nie ein richtiger Spielmacher werden. Ich denke, an sich war er nur eifersüchtig, weil ich beim FC auf seiner Position spielte. Er schien mir ein solcher Egomane zu sein, daß er noch jetzt fürchtete, man könnte sein Spiel von damals mit dem eines Spielers von heute vergleichen.

Er hatte im Verein nur eine Art Beraterfunktion und wurde meist gefragt, wenn es nicht so gut lief. Dann trat er als der große Retter an. Ich habe immer Probleme mit Menschen gehabt, die sich in Krisenzeiten als Helfer anbieten, die man aber ansonsten selten zu Gesicht bekommt. Er hätte ja zum Beispiel zu uns ins Training kommen und mit uns über seine Änderungsvorschläge sprechen können. Aber er wollte offenbar lieber vor der Presse seine Show abziehen und hat uns Spielern damit nicht geholfen.

Ich hatte damals schon Krach mit Udo Lattek, der über mich sagte, daß die Bundesliga keine Denkmäler nötig hätte. Dann passierte mir vor dem Spiel gegen Leverkusen ein dummer Fehler, als ich während der Nacht, in der eigentlich Ausgangssperre wegen des Spiels war, einen Autounfall hatte. Ich geriet in die Schlagzeilen der Boulevard-Presse, die unglaublichsten Spekulationen wurden über mich verbreitet, und plötzlich machte alles keinen Spaß mehr. Im nachhinein kann ich die Aufregung verstehen und würde selbst sagen, daß ich mich damals so unprofessionell verhalten habe wie selten in meiner Karriere.

Diesen Sport der Presse, gegen bekannte Spieler vorzugehen, kannte ich bereits durch die Schicksale eines Schumacher und Breitner. Vor allem junge Journalisten fanden es toll und mutig, Angriffe gegen etablierte Spieler zu starten. Vielleicht wollten sie damit ihre Unabhängigkeit beweisen, so in dem Sinne, daß sie sich nicht beeindrucken lassen von alten Erfolgsgeschichten. Was dabei herauskam, in all diesen Monaten, war leider keine kritische Berichterstattung, sondern nur großer Humbug, der mich und auch die Mannschaft frustrierte.

Wir Spieler bekamen seit Anfang der neunziger Jahre auch zunehmend den Konkurrenzkampf zwischen den Zeitungen zu spüren. Immer häufiger wollten sich Journalisten in ihrem eigenen Blatt mit einer Sensationsmeldung wichtig machen. Auch die Interviews wurden aggressiver, die Fragen verwandelten sich in Behauptungen, die man ständig dementieren mußte. Es ging mir einfach auf die Nerven, daß einige Journalisten aus Zeitungen und anderen Medien ihren Kampf um Marktanteile auch auf meinem Rücken austrugen.

Die größere Vielfalt bei den Medien hat keineswegs zu einer besseren Berichterstattung geführt. Ich habe den Eindruck, daß es immer erstmal um die Unterhaltung der Leser oder Zuschauer geht. Mir ist klar, daß die immer höheren Gehälter, die wir als Fußballer kassieren, auch ihren Preis haben. Sport im traditionellen Sinn ist das nicht mehr, es ist zur totalen Show geworden. Und die Show setzt sich in den Medien fort, wir werden dort wie andere Vertreter aus dem Showgeschäft behandelt. Vielleicht wachsen die jungen Spieler da problemloser hinein, weil sie damit groß geworden sind. Ich habe jedenfalls den Eindruck, daß die Jungstars heute allein aufgrund ihrer hohen Gehälter wesentlich selbstsicherer sind (und zum Teil sogar arrogant wirken), als ich es Anfang der achtziger Jahre war. In den letzten Bundesligajahren habe ich mich oft gewundert, wenn ich die flotten Sprüche gehört habe, die sie nach einem Spiel in der Kabine losgelassen haben. Oft plapperten die nur nach, was sie am Tag zuvor in der Zeitung gelesen hatten, und verwechselten es mit ihrer eigenen Meinung. Gut, ich will nicht in das übliche Lamentieren der älteren Spieler über die Jungen verfallen, aber auch da hat sich der Fußball sehr verändert, den

Respekt vor den erfahrenen Spielern gibt es jedenfalls nicht mehr.

Im Winter 1992/93 hatte ich mit der Bundesliga innerlich bereits abgeschlossen und wartete auf eine neue Chance im Ausland. Ich war fast dreiunddreißig Jahre alt, die Fußballweltmeisterschaft 1994, das wußte ich, würde ohne mich stattfinden, die Kölner sahen sich bereits nach neuen Spielern um – also wozu noch hier herumhängen?

Tschöö, FC

Man muß sich ja bei der Entscheidung, die Karriere in Deutschland zu beenden, fragen: Geht man aus seinem Land weg, weil man es dort nicht mehr aushält, oder zieht es einen in ein anderes Land, weil man unbedingt dort sein will?

Ich kannte Japan nicht, also lag der Grund für meine Entscheidung nicht vor allem in dem Wunsch, unbedingt in Japan zu spielen, sondern Deutschland zu verlassen. Ich wollte einfach weg, nichts war mehr wie früher, und ich hatte das Gefühl, daß niemand die Notwendigkeit sah, mich in Köln zu halten.

Für eine weitere Zukunft als Profi in Deutschland ergab sich nur eine ernsthafte Alternative: Bayer Leverkusen suchte bereits damals einen international erfahrenen Spieler, der die Rolle des Mittelfeldregisseurs übernehmen sollte. Es gab ernsthafte Gespräche mit Manager Reiner Calmund. Zur damaligen Zeit wäre ein

Wechsel auf die andere Rheinseite ein lokales Sport-
politikum gewesen, für mich als Spieler und den Verein. Das war möglicherweise ein Grund, weshalb die
Verhandlungen nicht zum Abschluß kamen.

Einige Monate später verpflichtete Leverkusen dann
für diese Position Bernd Schuster, ebenfalls einen ehemaligen Kölner, mit dem ich ja zu Anfang meiner Zeit
beim FC in einer Mannschaft gestanden hatte.

Vieles kam in den letzten Jahren zusammen: meine
Verletzung und auch die immer aggressiver werdende
Kritik in den Medien, wenn ich einmal nicht so gut
spielte. Diese genaue Bewertung jedes meiner Schritte
ist tödlich für meine Art, Fußball zu spielen. Ich habe
meine Stärken im Spielerischen, und da ist eben immer mit einer gewissen Fehlerquote zu rechnen. Ich
versuche immer mal einen neuen Trick oder eine
überraschende Bewegung. Das klappt manchmal und
manchmal auch nicht. Wenn ich aber damit rechnen
muß, daß bei jedem Spiel zwei, drei Journalisten auf
den kleinsten Fehler von mir lauern, dann werde ich
automatisch vorsichtig und verzichte lieber auf ein
Experiment oder eine Überraschung. Das Spiel wird
dadurch vielleicht sicherer, aber auch langweiliger.

Jeder hat seine Spielweise, und meine ist nicht die
»gewaltsame« Eroberung des gegnerischen Tors. Ich
habe mit meiner Technik, denke ich, genügend Tore
geschossen, aber das wurde nie so richtig gewürdigt,
weder vom Verein noch von der Presse. Vielleicht sind
heute andere Typen gewünscht, aber ich konnte nicht
mehr damit leben, daß man mich als ein altgeworde-

nes Denkmal bezeichnete, das nicht mehr gebraucht wird, wenn es in einem Spiel mal nicht so geklappt hat. Es gibt ja das alte Sprichwort: Wer nicht arbeitet, macht auch keine Fehler. Ich konnte nicht ohne das Risiko spielen, auch mal einen Fehler zu machen.

Doch meine Enttäuschung über die Lage in Köln hatte auch mit dem deutlichen Desinteresse an meiner Mitarbeit im Verein zu tun. Ich sprach öfters in Interviews über meinen Wunsch, eventuell später in Köln als Trainer zu arbeiten oder in einer anderen Funktion im Verein tätig zu werden. Man kannte also meine Ziele. Aber es gab nie eine Reaktion. Nicht ein Gespräch über meine Zukunft, nicht ein Vorschlag.

Dabei konnte doch jeder sehen, wie katastrophal die Personalentscheidungen, vor allem nach der WM 1990, sich für den Verein ausgewirkt hatten. Da wurden zwei Mittelfeldspieler geholt, und so gab es zuletzt für diese Position vier Spieler, von etwa gleicher Spielstärke: Andrzej Rudy, Rico Steinmann, Horst Heldt und ich. Bei jedem Spiel mußten zwei zuschauen, diese Entscheidung war dilettantisch. In dieser Zeit wurde auch ein Großteil der Spitzenleute verkauft, ohne den entsprechenden Ersatz zu holen. Natürlich kämpfte der 1. FC Köln in den folgenden Jahren immer in der Abstiegszone. Die falschen Entscheidungen in der Periode um die WM 1990 endeten fast mit einem Genickbruch der Kölner.

Aber ich will hier gar nicht den Beleidigten spielen, den man übergangen hat. Es liegt ja auch an den eigenen Erwartungen, inwieweit man mit einer gewissen Loyalität des Vereins gegenüber seinen Spielern rechnet. Ich stolperte in Köln über meine eigenen Hoffnungen. Weil ich so naiv war zu glauben, daß vierzehn Jahre Vereinszugehörigkeit mehr wert wären als eine aktuelle gute Form.

Das Vereinsemblem des 1. FC Köln zeigt einen Geißbock, der den Versuch unternimmt, beide Türme des Kölner Domes zu bezwingen. Vielleicht habe auch ich versucht, mit den falschen Mitteln die Geschichte des Vereins zu beeinflussen und mir dabei die Hörner angeschrammt. An dem Gerangel um Posten und Funktionen habe ich mich nie beteiligt, für solche Intrigen bin ich nicht geeignet. Das mag mir mancher als Schwäche vorwerfen, aber ich schaue am Morgen lieber mit gutem Gewissen in den Spiegel, als mich für meine eigenen Handlungen schämen zu müssen. Dann schließ' ich lieber eine Tür hinter mir und warte auf die nächste, die sich öffnet.

Heute bin ich froh, daß ich meiner Art und meinen Prinzipien treu geblieben bin, zum Beispiel, mich nicht aggressiv aufzudrängen. Meine beharrliche »sanfte Tour« hat mir die Erfüllung meiner Träume in Japan gebracht.

Von Köln nach Tokio

Abschied von der Domstadt.

Frust beim Stammverein

1992 war ein Jahr großer Entscheidungen für mich. Ähnlich wie 1978, als ich gegen den Willen meiner Eltern Berlin verließ und nach Köln ging, mußte ich auch diesmal ja oder nein zu einem Angebot sagen, das mich aus meiner gewohnten Umgebung, sowohl fußballerisch wie auch privat, herausreißen würde.

Sogar die Umstände waren vergleichbar: In Berlin befand ich mich 1978 in einer Sackgasse. Ich war zwar der Star einer ganz guten Mannschaft, aber die Großen, wie Hertha BSC zum Beispiel, hatten kein Interesse an mir. Auch in Köln hatte ich plötzlich das Gefühl, es ginge nicht mehr weiter, allenfalls bergab. Ich wartete auf eine Entscheidung, die von außen kommen würde. 1993 sollte mein Vertrag auslaufen, und als kölsche Antiquität langsam alt zu werden, dazu hatte ich keine Lust. Dafür spielte ich immer noch zu gern Fußball, dazu liebte ich diesen Sport noch zu sehr.

Angefangen hat es eigenartigerweise mit vereinzelten Berichten in den Medien. Da schrieben die einen, daß man sich in Japan für mich interessiere, andere meldeten, daß ich selbst versuchte, woanders unterzukommen. Nichts stimmte. Erst lange nach den ersten Berichten erhielt ich einen Anruf von einem Rechtsanwalt aus Berlin, der mich fragte, ob ich zu einem Gespräch mit Vertretern der neuen japanischen Fußballiga bereit wäre.

Natürlich war ich neugierig und sagte zu. Das erste Gespräch war dann für mich gleich ein Lehrstück in Sachen japanische Mentalität. Zu dem Treffen hatten sich ein Japaner und der Rechtsanwalt aus Berlin angesagt, ich kam mit meiner Frau.

Ich hatte erwartet, daß der Vertreter des japanischen Verbandes in einer tollen Hotelsuite in Köln absteigt und wir uns in einem der Luxushotels treffen. Aber weit gefehlt: Der Termin fand in einem winzigen Hotel hinter dem Bahnhof statt. Wir hatten alle gemeinsam kaum Platz in dem Zimmer.

Aber der Japaner entschuldigte sich und erklärte, daß er nicht wolle, daß alles gleich an die Presse gehe. Es war diese Bescheidenheit und eben nicht gleich das großspurige Auftreten, wie man es bei uns von Managern und Funktionären kennt, das mich von Beginn an beeindruckte.

Die nächste Überraschung erlebte ich, als ich merkte, wie unglaublich exakt der Japaner auf dieses Gespräch vorbereitet war. Er wußte alles über mich. Ich dachte: Dem mußt du jetzt deinen ganzen Lebenslauf erzählen, der kommt von weit her und hat keine Ahnung. Irrtum, der kannte jede Station meiner Karriere, jeden Verein, bei dem ich gewesen war, und alle Resultate von Spielen der deutschen Nationalmannschaft, bei denen ich auf dem Platz gestanden hatte. Es war auch neu für mich, daß mich ein Vertreter des Fußballbundes ansprach. Üblicherweise kommen bei uns die Manager der Vereine auf einen zu und nie jemand vom DFB. Aber diesmal reiste ein Abgesandter des japanischen Fußballverbandes durch die Welt und versuchte, Spieler für den Fußball in Japan zu gewinnen. Zu Beginn erklärte er mir, was der Fußballbund in Japan vorhabe: die Gründung der »J-League« und den langfristigen Aufbau einer schlagkräftigen Liga. Mich hat das alles sehr beeindruckt, und ich hatte das Gefühl, daß hier auf sehr professionelle Art etwas Neues entstand. Und warum sollte ich in meinem Alter nicht nochmal etwas wagen? Mein Interesse war jedenfalls geweckt.

Beim ersten Gespräch wurde dann das Team von Mitsubishi erwähnt, das an mir Interesse habe. Ich sagte gleich bei diesem ersten Treffen, daß ich gerne nach Japan gehen würde, nannte meine finanziellen Vorstellungen, und das war's auch schon. Mehr passierte erstmal nicht.

Ich bin oft gefragt worden: Warum eigentlich Japan? Warum nicht in der Bundesliga bleiben oder in ein anderes europäisches Land. Der Tenor der Presseberichte war etwa so: Bevor der ins Altersheim geht, will er noch ein paar schnelle Mark verdienen. Und wenn ich den bösen Unterton mal beiseite lasse, hatten die eigentlich gar nicht so unrecht. Meine Situation in Köln war ohne Perspektive. Schon ein Jahr zuvor wollte mich die Vereinsleitung loswerden. Nach fast fünfzehn Jahren wurde man abgeschoben wie ein altes Auto, bei dem man Angst bekommt, daß demnächst die Reparaturen zu teuer werden. Vielleicht ist man ja selbst schuld, weil man so etwas wie Dankbarkeit für seine Leistungen erwartet, aber die gab's nicht. Ich kannte den Verein länger als die meisten anderen, ich bin mit ihm als Spieler aufgewachsen. Fünfzehn Jahre 1. FC Köln haben ihre Spuren hinterlassen, aber auf die war keiner neugierig. In der letzten Saison, in der ich in Köln spielte, kämpften wir gegen den Abstieg. In den Medien verehrt man die Sieger und verachtet die Verlierer. Gewinnt eine Mannschaft oder zeigt sie gute Resultate, so wird einer oder vielleicht noch ein zweiter dazu gefeiert. Da gibt es kein Team, keine Zusammenarbeit zwischen Trainer und Spieler, da muß ein Held her, allmächtiger Superman.

Verliert ein Team, so braucht die Presse einen Schuldigen. Auch jetzt wieder keine Analyse der Ereignisse oder die genaue Beschreibung, was denn vielleicht schiefgegangen ist. Nein, der ist schuld und der ist schuld, und sonst keiner. Verdammt naiv, aber wirkungsvoll, sowas liest eben jeder gern. Als es dann nicht so gut ging mit dem FC, waren immer nur ich und Bodo Illgner verantwortlich, als ob einzig wir beide gegen elf andere gespielt hätten. Und das nervt auf die Dauer, wenn man das jedesmal nach dem Spiel lesen muß. Man strengt sich nicht mehr an, steigert sich nicht, wird zuerst verzweifelt und dann gleichgültig.

Und in dieser Lage war ich zuletzt in Köln. Kein positives Wort mehr über mich, weder im Verein noch in der Presse und keine Zukunftsperspektiven. Was sollte ich noch in Deutschland?

Vertragsverhandlungen mit unschönen Zügen

Ich war froh über das Angebot aus Japan. Dort erwartete mich eine neue, noch unvorbelastete Stimmung, die Möglichkeit, an dem Aufbau einer neuen Fußballliga mitbeteiligt zu sein. Und natürlich der Verdienst, das will ich gar nicht abstreiten. Aber es war beides: die Freude über eine neue Herausforderung, und das noch unter sehr guten finanziellen Bedingungen.
Ich kannte Japan nicht, bin auch vorher noch nie dortgewesen. Nach China bin ich einmal gereist und ein paarmal nach Hongkong, das waren meine Begegnungen mit Asien. Aber mich hatte von Beginn an der ruhige und sachliche Verhandlungsstil beeindruckt. Und als der Vertrag dann unterzeichnet war, atmete ich auf. Da waren keine Bedenken oder Ängste, ich kam ganz unbefangen hierher und dachte mir, falls alles nicht so ist, wie du es dir vorstellst, wird es dennoch eine außergewöhnliche Erfahrung sein. Und zu versäumen hatte ich in Deutschland nichts mehr.
Aber die Verhandlungen zogen sich vorerst hin. Nach dem ersten Besuch hörte ich lange nichts, bis mich dann im Januar 1993, wir waren gerade im Trainingslager des 1. FC Köln, Yasuhiro Okudera zu erreichen versuchte. Ihn kannte ich ja noch aus seinen Bundesligatagen. Als ich als junger Spieler nach Köln kam, spielte er in der Mannschaft und wurde 1978 Deutscher Meister und Pokalsieger. Es war für mich jetzt natürlich vorteilhaft, daß er Deutsch konnte.

Schon 1978 lernte ich Yasuhiro Okudera beim 1. FC Köln kennen (hier gemeinsam mit Tony Woodcock, Dieter Müller und Herbert Neumann).

Die nächsten Verhandlungen wurden schon direkt mit Vertretern von JEF-United Ichihara geführt. Sie verliefen sehr positiv, nicht nur, was die finanziellen Bedingungen anging. Jedes kleinste Detail wurde diskutiert. Wo ich wohnen sollte, wie die medizinische Betreuung aussehen sollte, die Anzahl der Flüge in die Heimat, ob ich auf europäisches Essen Wert legte und so weiter. Sie boten mir auch einen Übersetzer zur ständigen Begleitung an.

Wie fürsorglich die Japaner waren, zeigte sich auch bei der Auswahl der Unterkunft. Ich wollte in einem Hotel wohnen, möglichst in der Nähe des Vereins und des Trainingsgeländes, und erklärte ihnen, daß ich gerne ein Zimmer in einem amerikanischen Hotel beziehen würde, dann nannte ich ihnen das Hilton als Beispiel. Sie suchten dann so lange, bis sie ein Hilton-Hotel fanden, das einen deutschen Chef hatte, und dort wohne ich heute noch.

Für mich gab's nicht mehr viel zu überlegen. Ich sagte zu, und es kam zur Vertragsunterzeichnung in Köln. Das geschah nun nicht mehr im Hinterzimmer eines kleinen Hotels, die Besprechungen fanden im großen Konferenzsaal des Holiday Inn statt. Auf der einen Seite saßen die Japaner, auf der anderen die Deutschen, die Plätze waren angeordnet wie bei einer internationalen Konferenz. Es gab die Übersetzer, denn die umfangreichen Verträge mußten übersetzt werden, dann gab es einen Gegenvorschlag, und wieder wurde übersetzt. So zog sich das stundenlang hin. Unter den japanischen Delegierten war auch Herr Kawachima, der Präsident von JEF-United Ichihara. Außerdem brachten sie noch einen Arzt mit, der mich vor den Verhandlungen genauestens untersuchte. Sein Urteil wollte man abwarten, bevor es in die Endrunde ging. Aber er beobachtete mich auch während der Diskussionen sehr genau, vielleicht sollte er auch eine psychologische Einschätzung abgeben.

Zuletzt lag dann nur ein japanisch abgefaßter Vertrag vor, und wir sagten, wir benötigten auch eine deutsche oder englische Version. Aber die gab es nicht. Die Zeit drängte, denn ich sollte gleich beim ersten Meisterschaftsspiel auflaufen, und das sollte im Mai stattfinden.

Ich beriet mich kurz mit meinem Manager, Norbert Weiss, und wir waren beide der Meinung, daß bisher alles so vertrauenerweckend gelaufen war, daß wir uns entschlossen, den japanischen Vertrag, auch ohne daß eine Übersetzung vorlag, zu unterschreiben. Alles schien in Ordnung zu sein, und alle waren glücklich. Doch dann versuchte der 1. FC Köln, das ganze Projekt noch zum Platzen zu bringen. Der Vertrag mit den Japanern enthielt eine Klausel, daß Bedingung für sein Inkrafttreten die Freigabe durch die Kölner sei. Ich hatte da nie Probleme gesehen, in meinem Vertrag war die Ablöse mit 400 000 Mark festgelegt. Es gab zusätzlich eine mündliche Zusage des Präsidenten, daß man nicht mehr verlangen werde, um mir keine Steine in den Weg zu legen, falls sich woanders eine Möglichkeit ergäbe, mit einem guten Vertrag unterzukommen. Das sagte ich auch den Japanern, und die waren einverstanden.

Doch plötzlich waren es nicht vierhunderttausend, sondern achthunderttausend Mark. Die Kölner forderten noch je hunderttausend Mark pro nicht gespieltem Meisterschaftsspiel. Das war nie ausgemacht gewesen und wurde einfach erfunden, um noch schnell mehr Geld herauszuholen. Ich war in einer peinlichen Lage. Ich hatte sozusagen unter falschen Voraussetzungen einen Vertrag unterschrieben und war stinksauer auf den FC.

Der war inzwischen nicht nur in den Abstiegskampf verwickelt, sondern steckte auch in großen finanziellen Schwierigkeiten. Aber warum sie mich so behandelten, nach fünfzehn Jahren Knochenarbeit, habe ich nie verstanden. In den ersten Jahren in Köln war ich derart unterbezahlt, daß sich einige Journalisten schon über meine Bescheidenheit oder Naivität lustig machten. Aber wie schon gesagt, wer Dankbarkeit erwartet, ist selbst schuld, die gibt es zumindest bei den Kölnern nicht.

Dann wurde hin und her gefeilscht, die Leute vom Verein ließen nicht locker, sie bestanden auf der erhöhten Ablöse, und ich hatte nichts in der Hand, was die mündliche Vereinbarung beweisen konnte. Noch während mich der Arzt ein zweites Mal untersuchte, mitten im Hotel, wo die Verhandlungen stattfanden, versuchten wir eine Lösung zu finden.

Wir haben uns dann geeinigt, aber es wurde ziemlich teuer für mich. Ich übernahm einen Teil der Mehrkosten und war dann nur noch froh, endlich meine Kölner Zeit abzuschließen.

Die letzten Wochen

Dann begann der eigentliche Streß der letzten Wochen. Ich wollte mich mit einem Abschiedsspiel von meinen Fans verabschieden, aber es war unglaublich schwierig, so etwas zustande zu bringen. Das Fernsehen wollte nur um 18.00 Uhr übertragen, um diese Zeit kamen erfahrungsgemäß jedoch sehr wenig Zuschauer ins Stadion. Die berühmten Spieler sagten zuerst zu, dann wieder ab, jeder hatte seine Termine.

Aber schließlich hatte ich es gemeinsam mit meinem Manager Norbert Weiss geschafft, und es wurde zu einem schönen Abschiedsfest. (Es war die erste intensive Zusammenarbeit mit ihm – aus der geschäftlichen Beziehung ist inzwischen ein fast freundschaftlicher Kontakt geworden, der von meinem Erfolg in Japan getragen wird, sich aber auch in schwierigen Situationen bereits bewährt hat.) Bei strahlendem Wetter und vor zweiundzwanzigtausend Zuschauern traten im All-Star-Team Schumacher, Olsen, Buchwald, Briegel, Häßler, Allofs, Matthäus, Rummenigge und viele andere bekannte Spieler an. Die Gesamtberufungen in die Nationalmannschaft für das All-Star-Team betrugen (inklusive Franz Beckenbauer, der Coach war) nahezu 1100 Einsätze – ein bisher unübertroffener Re-

Toni Schumacher, langjähriger Mannschaftskamerad beim FC und in der Nationalelf.

kord für die Spieler einer Mannschaft. Es war eine tolle Stimmung. Vor dem Spiel machte Schumacher seine Späße und schlug mir vor, statt nach Japan zu gehen, mit ihm gemeinam den 1. FC Köln zu übernehmen.

»Du wirst Präsident, ich werd' Manager. Ich hab' die Verantwortung, und du gehst mit der Mannschaft Bier trinken«, sagte er lachend, und ich wußte, daß hinter dem Spaß auch Ernst versteckt war. Auch er hätte gern beim FC weitergearbeitet. Aber er erhielt ebenso wenig ein Angebot wie ich.

In der siebten Minute gelang mir das erste Tor. Horst Heldt legte mir den Ball ideal vor die Füße, und ich schoß ihn unhaltbar ins Netz. Brehme erzielte den Ausgleich mit einem Elfmeter, und mir kam sein wichtigstes Elfmetertor in den Sinn – damals schenkte er mir mit diesem Treffer den Weltmeistertitel. Toni Schumacher zeigte mit einigen blitzschnellen Reaktionen, daß er in der Bundesliga noch immer seinen Platz haben könnte, wenn ihn damals nicht der total übertriebene Zorn der Vereinsmanager getroffen hätte. Einen Kopfball von Ralf Sturm holte er mit einer Handbewegung aus dem Winkel. Auch Thomas Häßler wurde von den Zuschauern bei jedem Ballkontakt bejubelt.

Der FC gewann das Spiel 5:2, vielleicht haben sie die ganze Sache etwas zu ernst genommen. Das Spiel entwickelte sich im Lauf der neunzig Minuten immer mehr zu einer Prestige-Angelegenheit für die Kölner und verlor so ein wenig den Reiz einer Fußballdemonstration. Doch am Ende der Begegnung riefen zwei-

oben: Abschied von den FC-Fans.
unten: Das ehrt mich!

undzwanzigtausend Zuschauer »Tschöö, Litti!«, und ich verließ diesen Platz, auf dem ich viele Jahre lang gekämpft hatte, mit einem Gefühl der Genugtuung. Dieser Abschnitt meines Fußballebens war endgültig vorbei, und es wurde Zeit, sich auf das Neue zu konzentrieren.

Abends lud ich alle Freunde und Bekannte zu meiner Abschiedsfeier ein. Mehr als fünfhundert Gäste, ein Büffet mit Berliner, Kölner und japanischen Spezialitäten wurde aufgebaut, und zur musikalischen Unterhaltung ließ ich extra meine Lieblingsband, das Electric Light Orchestra, einfliegen. Es wurde zu einem unvergeßlichen Abend. Und plötzlich, in dieser Stimmung voll Musik und Alkohol, wurden auch die Verbands- und Vereinsmanager richtig sentimental. Der DFB-Präsident Egidius Braun hatte Tränen in den Augen, als er mich zusätzlich zu seinen beiden eigenen zu seinem dritten Sohn ernannte. Unser Vereinspräsident Klaus Hartmann vergaß vor lauter Lob und Bewunderung, daß er bereits reichlich lang geredet hatte, und sprach bei der Feier plötzlich davon, daß er mich nach meinem japanischen Abenteuer in die Führungsetagen des Klubs holen wolle. Als schon alles entschieden war, mein Vertrag für Japan unterschrieben, wurden viele angesichts meines Abgangs gefühlsselig, denen noch ein paar Wochen zuvor jedes freundliche Wort schwergefallen wäre.

An diesem Abend endete meine Zeit im deutschen Fußball bis auf weiteres. Die Statistiken gaben zum Teil unterschiedliche Zahlen an, aber in den fünfzehn Jah-

oben: Bei meiner Abschiedsfete mit Thomas Häßler und dem Electric Light Orchestra.
unten: Mit Christoph Daum und Franz Beckenbauer beim Anschneiden der Abschiedstorte.

ren spielte ich vierhundertsechsmal in der Bundesliga, schoß dort hundertdreizehn Tore, dreiundfünfzigmal wurde ich im Europa-Cup eingesetzt und machte sechzehn Tore. Dreiundsiebzig Länderspiele und achtzehn Tore, zweimal Vize-Weltmeister und einmal Weltmeister, einmal bei der Wahl zum Fußballer des Jahres an zweiter Stelle.

Man kann über meine Art zu spielen sagen, was man will, aber diese Statistik sprach für sich. Nur wenige Spieler hatten mehr erreicht. Für mich ging ein Lebensabschnitt zu Ende, und ich verließ Deutschland dann doch ohne Enttäuschung oder Verbitterung. Auf mich wartete eine neue Aufgabe. Und nicht viele Fußballer haben in meinem Alter das Glück, noch mal von vorn beginnen zu können.

Geplant hatte ich den geordneten Abzug aus Deutschland, doch es wurde eine hektische und stressige Angelegenheit. Bis zuletzt wurde noch über Details verhandelt, und in der letzten Nacht vor dem Abflug nach Tokio kam ich nur zu drei Stunden Schlaf. Meine Frau und ich packten in aller Eile die wichtigsten Sachen zusammen, die Kinder ließen wir bei den Schwiegereltern, die bei uns zu Hause wohnten. Wir flogen von Düsseldorf ab, wo uns eine große Menschenmenge verabschiedete. Journalisten, Fernsehkameras, ein paar Schornsteinfeger standen da mit einer Flasche Sekt in der Hand und wünschten mir viel Glück. Ich war viel zu müde, um das alles so richtig zu genießen, aber ich freute mich sehr über diesen letzten Gruß.

Mein eigener Verein hatte zwar das Abschiedsspiel zugelassen, eine offizielle Feier gab es aber nicht. Hätte ich nicht alle zu meinem privaten Fest eingeladen, wäre es nicht zur offiziellen Verabschiedung gekommen. Mit den Mannschaftskameraden lief das eher locker ab, das ist ganz normal, daß einer geht und ein neuer kommt. Die Freundschaften oder die Beziehungen der Fußballer untereinander werden immer überschätzt. Man redet nicht sehr viel miteinander und wenn, dann nur über oberflächliche Dinge.

Keiner berät sich mit einem anderen Spieler, ob er besser bleiben oder zu einer anderen Mannschaft gehen sollte. Profi-Fußballer sind, auch wenn sie gemeinsam in einer Mannschaft spielen, vor allem Konkurrenten. Das beginnt auf dem Spielfeld und setzt sich auch bei den Werbeverträgen fort. Fußball ist heute so ein Riesengeschäft geworden, es geht um so viel Geld, da spielen persönliche Gefühle keine Rolle. Und wenn sie vor Kameras und Mikrofonen und Fotografen gezeigt werden, dann sind sie meist gespielt, weil man als Showman weiß, daß das Publikum auch ein wenig Menschlichkeit hinter der Maske des perfekten Sportlers sehen möchte.

Auch die Umarmungsarien nach einem Tor sind perfekt inszenierte Spektakel. Ein Freudenschrei für die Fans, für die Menschen vor der Fernsehkiste, ein Jubel, eine Umarmung. All das überträgt sich dann auf die Zuschauer und beschert einem schließlich ein paar Pluspunkte, die vielleicht einen neuen Werbevertrag bringen oder ein gutes Angebot eines reichen Vereins.

Ich habe mich über die vielen Leute auf dem Flughafen trotzdem gefreut, aber im Flugzeug war ich nach all den Verabschiedungsarien so erschöpft, daß ich sofort einschlief.

Konnichiwa, Japan!

Ein Vorgeschmack auf Japan – noch
in Köln aufgenommen.

Die Ankunft

Wir landeten nach einem langen Flug in Tokio, und bereits auf dem Flugfeld warteten die ersten Journalisten. Es war ein unglaublicher Empfang, nie im Leben hatte ich damit gerechnet. Drei Fernsehteams begleiteten uns sogar durch die Paßkontrolle, ständig wurden exakt ausformulierte Fragen an mich gestellt, die ich aufgrund meiner Erschöpfung, glaub' ich, ziemlich dämlich beantwortete. Ich war einfach nicht darauf vorbereitet. Ich wußte, daß später im Hotel eine Pressekonferenz stattfinden würde und hatte am Flughafen nur Vertreter meines Vereins erwartet. Aber es war wie im Tollhaus. Dazu kam noch, daß meine Frau durch die Aufregung der letzten Wochen und den langen Flug krank wurde. Sie hatte schon im Flugzeug Magen- und Kreislaufprobleme, und wir wollten schnellstens ins Hotel und zu einem Arzt. Dieser Medienrummel überrollte mich wie eine Welle.

Wir fuhren dann mit der Bahn ins Stadtzentrum. Die japanische Eisenbahngesellschaft, Japanese Railway (JR), ist Hauptgesellschafter meines Vereins, und so war klar, daß wir kein Auto benutzen konnten. Ich saß zum erstenmal in einem dieser schnellen japanischen Züge und war fasziniert. Das waren die ersten Bilder nach meiner Ankunft: die Hysterie der Medien, die Sauberkeit der Bahnstationen und Züge, die Pünktlichkeit und von Beginn an die überaus höfliche und bescheidene Art der Japaner, mit der sie sich anderen Menschen nähern. Mir war das alles von Beginn an sympathisch, wenn ich auch völlig gestreßt war.

Am Tokio-Bahnhof holte man uns mit Autos ab, und wir fuhren ins Edmonton-Hotel. Dort begann kurz darauf eine Pressekonferenz, an der ungefähr dreihundert bis vierhundert Journalisten teilnahmen. Es war eine Kulisse, die ich nie vergessen werde. Mir, dem kleinen Litti aus Berlin, wurde hier ein großer Bahnhof bereitet wie einem Pop-Star. Die Fragen der Journalisten hatten durchweg eine positive Tendenz, auch das eine neue Erfahrung im Vergleich zu Deutschland. Kurios war nur, wie sie meinen Namen aussprachen, und als ich ihnen vorschlug, mich doch gleich wie die Fans in Deutschland Litti zu nennen, hatte ich schon viele für mich gewonnen.

Nach der Pressekonferenz mußte ich nach einem kurzen Gang über den Flur des Hotels gleich in der ersten TV-Show auftreten. Danach folgte dann ein Interview mit dem Vereinsmagazin von JEF-United Ichihara.

Und dann schloß sich abends noch die Vorstellung bei meinen neuen Mannschaftskameraden an. Im Hotel kam einer nach dem anderen aufs Podium und begrüßte mich sehr freundlich.

Unter ihnen auch die beiden Tschechen Pavel und Franta und der Brasilianer Sandro. Mit den Ausländern konnte ich ein wenig englisch oder deutsch spre-

oben: Erschöpft nach 15 Stunden Reise auf dem Flughafen von Tokio –
mit meinem Namen haben die Japaner noch etwas Probleme ...
unten: Bei der spektakulären Pressekonferenz gleich nach der Ankunft.

chen, mit den anderen war jeder Kontakt schwierig.
Da jedoch nur drei Ausländer pro Team spielen dürfen
und wir bereits vier waren, beschäftigte jeden natürlich der Gedanke, wer jetzt wohl auf der Bank sitzen
müßte.

An diesem Abend traf ich auch zum erstenmal meinen
Übersetzer, Taku Inuoe. Er spricht gut deutsch. Mit
ihm habe ich mich in den letzten Monaten richtig angefreundet. Er ist immer bei Begegnungen mit anderen Menschen bei mir, hilft mir bei den Gesprächen
mit dem Trainer, den Mitspielern und den Managern.
Günstig ist, daß er selbst Fußball gespielt hat. Er hat ein
paar Jahre in Köln gelebt und war bei einem Verein,
der nur wenige Minuten vom Trainingszentrum des 1.
FC Köln entfernt seinen Platz hatte. Mit ihm konnte
ich auch über Fußball reden, er hat nie nur stur meine
Sätze übersetzt.

Spät abends fuhren wir dann mit dem Auto in unser
Hotel, das etwas außerhalb von Tokio im Stadtteil
Chiba liegt, dort, wo auch JEF-United zu Hause ist.
Während der Fahrt hatte ich zum erstenmal Gelegen-
heit, in Ruhe aus dem Fenster zu schauen. Man hatte
nicht das Gefühl, in einer asiatischen Stadt zu sein.
Die Straßen sahen aus wie in Amerika oder auch in
Deutschland. Die Häuser waren modern, meist nicht
sehr schön, grau wie in allen Großstädten.

Die Kulisse der Straßen und Häuser wirkte also ähnlich, der entscheidende Unterschied waren jedoch
die Menschen. Natürlich hatte ich mich vorbereitet:
Ich wußte um die Höflichkeit der Japaner, das Begrü-

ßungszeremoniell, die Verbeugungen und so weiter. Doch das dann wirklich zu erleben, war etwas ganz Besonderes. Damals, während der Autofahrt nach fünfzehn Stunden Flug, einem extrem anstrengenden Tag mit Hunderten von Journalisten, die alle mehr oder weniger die gleichen Fragen stellten, kam mir zum erstenmal der Gedanke, ob ich vielleicht in dieses Land besser passen würde als in meine alte Heimat. Die Menschen sind klein, so wie ich. Sie treten bescheiden auf, ich bin auch eher schüchtern. Sie sagen einem keine Grobheiten ins Gesicht, egal, was sie denken. Auch ich bin nicht der Typ, der mit der Tür ins Haus fällt.

Plötzlich hatte ich das Empfinden, als ob dieses fremde Land auf der anderen Seite des Erdballs gar nicht so fremd für mich sein würde, wie ich befürchtet hatte.

Ich hatte mittlerweile einen »48-Stunden-Tag« hinter mir, in dessen Verlauf ich fünfzehn Stunden Flug und acht Stunden Zeitdifferenz verkraften mußte. Ich fühlte mich so müde und überdreht von den letzten Stunden, daß mir alle möglichen Gedanken durch den Kopf wirbelten. Ich versuchte mich an die ersten Jahre in Köln zu erinnern, als ich einer der Jüngsten in der Mannschaft war und mich keiner so richtig ernst genommen hatte. Der »Spiegel« hat mich einmal als den »Donald Duck der Bundesliga« bezeichnet, und er hatte gar nicht so unrecht. Meine Methode, in diesem harten Geschäft des Fußballs zu überleben, war immer das Nachgeben. Wurde mir ein anderer vorgezogen, dachte ich: Lieber nichts sagen, du wirst auch noch an

die Reihe kommen. Aber man kommt nicht einfach so
an die Reihe, wenn man sich nicht vordrängt. Meine
Karriere lief etwa so ab, wie wenn sich einer in der
Bank ans Ende der Schlange stellt, um sich sein Geld zu
holen, und ständig drängt sich einer vor. Man will dem
etwas sagen, ihn zur Rede stellen, aber läßt es dann
wieder, denkt sich: Wozu, hat ja doch keinen Sinn.

Ich war immer zu zurückhaltend in der Bundesliga, und
wenn ich mal den Mund aufmachte, galt das immer
gleich als unkontrollierter Wutausbruch. Niemand war
eine offene Meinungsäußerung von mir gewohnt. Ich
hatte nicht die Kaltschnäuzigkeit eines Matthäus oder
Völler, um mir Einfluß und Reichtum einfach zu nehmen. Ich mußte mich mit meinem Spiel durchsetzen,
dort, wo andere große Sprüche klopften. Ich war der
Entertainer auf dem Platz, immer gut für ein Späßchen
und eine lustige Einlage. Den Zuschauern gefiel das,
aber man bleibt der Clown und wird so nie zum Helden
in der Arena. Auch im Zirkus lacht man über die Späße
der Clowns, bewundert werden aber die Dompteure,
die ihren Kopf in den offenen Rachen eines Löwen
stecken, und die Akrobaten auf dem Hochseil.

Aber wie sollte ich mich verändern? Wie weit kann
man überhaupt der Öffentlichkeit gegenüber sein wahres Ich verbergen und als der auftreten, den die anderen erwarten? Ich konnte es nicht. Und hier in Japan,
so dachte ich damals am ersten Abend während der
Fahrt ins Hotel, sind vielleicht all die Eigenschaften,
die in Deutschland für mein persönliches Fortkom-
men von Nachteil waren, eher günstig für mich.

Wir kamen ins Hotel, und ich war von Beginn an begeistert. Der Direktor war ein Deutscher, der Restaurant-Manager ein Österreicher, ich bekam die optimale Versorgung und konnte mit meinen Landsleuten jedes Detail besprechen. Heute wohne ich noch immer im selben Hotel, und es hat sich zu meinem Zuhause in Tokio entwickelt. Die Leute aus dem Hotel versorgen mich wie eine Mutter, halten mir die Fans und die Journalisten vom Leibe, und wenn ich einmal etwas ganz Ausgefallenes aus der alten Heimat essen möchte, besorgen sie es mir.

Am zweiten Tag nach der Ankunft besuchte ich das Bürgermeisteramt in Chiba und gab meine Papiere für die Aufenthaltsgenehmigung ab. Dieser Vormittag entwickelte sich für mich zu einer weiteren Lehrstunde in Sachen Japan. Schon die Begrüßung wurde zu einem richtigen Ritual. Ich dachte, ich geh' jetzt mal rasch aufs Paßamt und reich' meine Papiere ein, aber es kam ganz anders. Als ich das Büro betrat, standen alle Angestellten auf und klatschten. Der Bürgermeister begrüßte mich, und japanischer Tee wurde serviert. Dann begann das Ritual: Wer trinkt zuerst, wer steht wann auf, wer sitzt, wer verbeugt sich wie tief? Ich hatte von all dem schon gelesen, aber jetzt passierte das alles wirklich.

Ich erlebte dabei zum erstenmal, daß jeder Ausländer neben seinen vielen schriftlichen Unterlagen, Paß, Arbeitsbescheinigung etc., auf dem Amt auch seinen Fingerabdruck auf einem besonderen Formular hinterlegen muß; das hat später dann die Funktion eines

Siegels, das man unter bestimmte Schriftstücke setzt. Aber ich dachte natürlich erstmal an erkennungsdienstliche Maßnahmen, wie man sie von unserer Polizei kennt, und war sehr verblüfft.

Ich fühlte mich richtig etwas unwohl bei all dieser Verehrung und vor allem dem Applaus, der mich empfing, wann immer ich ein Zimmer betrat. Ich machte sicherlich anfangs auch viele Fehler. Jeder Schritt ist bei diesen Zeremonien genau durchdacht. Der Vorgesetzte trinkt zuerst seinen Tee, dann erst die anderen. Man muß wissen, wie tief eine Verbeugung sein soll, darf nicht sitzen, wenn der Vorgesetzte steht, und so weiter. Einem Ausländer verzeihen die Japaner jedoch seine Fehler – nicht alle, aber viele.

Auch die überschwengliche Begrüßung durch den Bürgermeister war ein weiterer Hinweis, wie sehr ich hier hofiert wurde. Aber mich interessierte zu diesem Zeitpunkt nur noch eines: Wie ist meine Mannschaft, wie sehen die Trainingsmöglichkeiten aus, und wie stark sind unsere Gegner? Nach all dem Zirkus bei meiner Ankunft wollte ich nun endlich Fußball spielen.

Auf dem Platz

Am nächsten Tag lernte ich die Mannschaft kennen. Wir fuhren zum Trainingszentrum, dort warteten schon das Team, die Trainer und einige Vertreter des Klubs. Der Trainer stellte mich mit ein paar Worten vor, das ging ganz locker zu. Dann zeigten sie mir die Ausrüstung und die anderen Einrichtungen. Ich muß sagen, ich war vorher ein wenig skeptisch. Wir Deutsche glauben ja, wir haben gemeinsam mit den Engländern den Fußball erfunden, und keiner kann es so gut wie wir. Dazu noch die Vorstellung der Deutschen, daß niemand auf der Welt etwas so perfekt machen könne wie sie selbst.

Wir hatten in Köln natürlich einen Zeugwart, Willi Reschmann, der uns alles vorbereitete. Man ist zum Training gekommen, und jedes Kleidungsstück lag bereit, so daß man sich voll aufs Trainieren konzentrieren konnte. Auch in diesem Zusammenhang erinnere ich mich nur ungern an die Zeit in Frankreich. Dort hat man uns Spielern zu Beginn der Saison die Sachen in die Hand gedrückt, und das war's dann. Wir mußten sie selbst waschen, mit nach Hause nehmen und gereinigt wieder mitbringen. Denen war es auch völlig gleichgültig, in was für einer Ausrüstung wir trainierten. Ob wir unsere eigenen Klamotten tragen oder die vom Verein gestellten. Das wäre natürlich undenkbar in Deutschland, dort hat alles seine Ordnung, und jeder muß den Vereinsdreß benutzen.

Als ich das erste Mal ins Trainingszentrum meines Vereins in Japan kam, dachte ich, ich wäre beim Militär. Jeder hatte seinen festen Platz, mein Name stand schon auf dem Spind, allerdings auf japanisch. Jeder übernahm eine Unmenge Klamotten, und bei mir tauchte gleich die Schreckensvision auf, daß ich die wieder selbst waschen müßte. Aber der erste Wäscheschub war nur die Bekleidung, die wir mit nach Hause nehmen durften. Dann bekamen wir noch einmal einen ganzen Stoß für das Training, der im Schrank aufgereiht lag, und für jeden Tag gab's frische Wäsche. Es war unglaublich gut organisiert. Jeder hatte zehn Paar Schuhe, und alles war tipptopp in Ordnung. Mein nächster Schrecken galt den Duschen. Wieder kam mir Frankreich in den Sinn, wo der Großteil der Duschen kein warmes Wasser von sich gab. Doch auch hier war alles neu und funktionierte bestens.

Der Trainingsplatz war in Ordnung, es gab sogar eine Halle, die wir nicht einmal in Köln hatten, Räume für Krafttraining, wie ich sie noch nie bei einem Verein dieser Größenordnung gesehen hatte. Die medizinische Betreuung übertraf alle meine Erwartungen. Ich zähle ja schon zu den älteren Spielern, und da horcht man öfter als früher in sich hinein: Wenn sich ein Muskel oder ein Gelenk meldet, spreche ich gern mit dem Masseur darüber, der ist für die Fußballer immer der erste Ratgeber bei solchen Problemen. Unser Klub hat vier Masseure.

Als ich das später meinem ehemaligen Masseur beim FC Köln erzählte, verstand der fast die Welt nicht mehr: Er macht alles allein, hat vielleicht noch einen Assistenten, muß jedoch oft zwanzig Spieler hintereinander an einem Tag betreuen.

Einer der vier Masseure von JEF-United, Tsumaki-San, arbeitete früher für die Nationalmannschaft. Er ist einer der Besten auf seinem Gebiet in Japan. Auch die anderen sind absolute Profis. Hier übernehmen die Masseure mehr die Funktion von Heilern, sie sind so etwas wie die »kleinen Ärzte«. Wenn ein Problem auftritt, versucht der medizinische Betreuer auch mit Akupunktur zu helfen.

Gleich am ersten Trainingstag lockerte mich der Masseur auf, und ich fühlte mich danach so gut, daß alle Ängste verschwanden. Tsumaki-San spricht auch ein wenig englisch, und mit meinen paar Brocken Japanisch können wir uns schon ganz gut verständigen.

Auch das Training war eine Überraschung. Unser Ko-Trainer war sehr von brasilianischen Trainingsmethoden beeinflußt. Wir mußten uns zu Beginn nach brasilianischen Rhythmen aufwärmen, eine Form von tänzerischer Gymnastik, zu der ich erstmal überhaupt nicht fähig war. Die anderen Spieler bewegten sich geschmeidig nach links und nach rechts und tanzten über das Spielfeld, während ich wie ein Elefant trampelte. Ich kam mir total lächerlich vor, da kommt der große Star, Teilnehmer an drei Weltmeisterschaften, und kann nicht einmal die Aufwärmübungen mitmachen. Sonst spielte sich das Training ähnlich wie in Deutschland ab. Meine Mitspieler waren zu Beginn etwas schüchtern, und wenn ich mal ein Tor erzielte, applaudierten sie. Aber das legte sich bald. Insgesamt läuft das Training etwas weniger hektisch ab, die Atmosphäre ist eher locker, es werden Späße gemacht, und wenn einer mal den Ball fünf Meter übers Tor zieht, lachen alle. Es fehlen die zynischen Bemerkungen, die Häme, es ist halt japanische Art, mit den Mitmenschen eher vorsichtig umzugehen. Das spürt man dann sogar beim Fußballtraining.

Der erste Spieltag rückte näher, und ich wurde zunehmend nervöser. Ich wollte von Beginn an die Nummer zehn tragen, die Nummer des Spielmachers, die ich am Ende ja auch in Köln hatte. Die Japaner kannten mich nur als die Sieben, der Rechtsaußen, die hatte ich während der Weltmeisterschaft. Dort gab es Matthäus, der unbedingt die Zehn tragen wollte.

Fußballspieler sind bei Zahlen sehr abergläubisch. Jede hat eine andere Bedeutung für die Mannschaft, und die Neun oder die Zehn haben das beste Image. Spieler wie Matthäus oder Völler wollen immer nur die Neun oder Zehn. Man wird dann von den anderen z. B. als Spielmacher akzeptiert. Manche haben so eine Belastung vermieden und wollten die Nummer behalten, die sie bei der Auflistung des Kaders einmal bekommen hatten. Daher spielen auch manche mit der Nummer sechzehn oder siebzehn. Das starre Festhalten am Links- oder Rechtsaußen ist ja im Laufe der Jahre sowieso verschwunden.

Vor unserem ersten Auftritt fand noch das Eröffnungsspiel der J-League im Olympiastadion von Tokio statt. Man inszenierte aus diesem Anlaß ein unglaubliches Schauspiel. Sogar Pele war da und Prinz Takamodo, Mitglied der Kaiser-Familie, und Dutzende andere Ehrengäste. Die sechzigtausend Plätze des Stadions waren seit Wochen ausverkauft. Auf dem Schwarzmarkt wurden mehr als sechshundert Mark für eine Karte geboten. Vierzigtausend Karten wurden unter dreihunderttausend Bewerbern verlost.

Ein gigantisches Laser- und Feuerwerksspektakel für

angeblich eine Million Dollar erhellte vor dem Anpfiff das Stadion. Damals sah ich zum erstenmal japanische Fußballfans: Mit ihren bemalten Gesichtern und den bunten Fahnen erinnern sie an die ausgelassenen Zuschauer aus skandinavischen Ländern.

Es spielte die beste japanische Mannschaft, Verdy Kawasaki, gegen die Yokohama Marinos, die dieses Spiel 2:1 gewannen. Verdy hat die meisten Nationalspieler in seinen Reihen. Sie erzielten auch das erste Tor der J-League. Alle drei Tore an diesem Tag schossen Ausländer. Henny Meijer, früher bei Groningen, erzielte das Führungstor für Verdy, Everton Nogueira und Ramon Diaz die beiden Tore für die Sieger. Drei gelbe Karten wurden während dieses Spieles verteilt, und mir wurde schnell klar, daß die japanischen Schiedsrichter nicht mit sich spaßen lassen. Neu war für mich, daß sich die Spieler vor dem Schiedsrichter verbeugen, wenn sie von ihm mit einer gelben oder roten Karte bestraft werden.

Die ersten Spiele

Mein erstes Match war in Hiroshima gegen Sanfrecce Hiroshima. Ich hatte mir vorgenommen, ein traumhaftes Spiel zu liefern. Ich wollte den Japanern zeigen, was ein deutscher Fußballprofi ist: einer, der nie aufgibt, der neunzig Minuten durchrackert, der sich auch von mißlungenen Aktionen nicht beeinflussen läßt, immer weiter kämpft und auch versucht, die ganze

Im Trikot von
JEF-United Ichihara.

Mannschaft mitzureißen. Verdammt viel für das erste
Spiel . . .

Wir flogen mit dem Flugzeug nach Hiroshima. Auf
dem Weg zum Hotel kamen wir an der Gedenkstätte
für die Opfer des Atombombenangriffs vorbei. Der Bus
hielt, und der Präsident unseres Vereins erklärte mir
die Geschichte der Stadt. Ich war erschüttert. Natürlich wußte ich, was dort geschehen war, doch für mich

war es ein Datum aus der Geschichte gewesen, ein Satz vielleicht, und nicht mehr. Dann steht man eines Tages vor dem Ehrenmal und ist sprachlos. Ich vergaß den ganzen Fußball und das bevorstehende Spiel und ließ mir mit Hilfe des Übersetzers alles genau erklären. Auch dieses Erlebnis fand ich höchst ungewöhnlich. Ich bin mit der Nationalmannschaft und dem 1. FC Köln fast in der ganzen Welt herumgekommen. Ich bin mir sicher, wir haben nicht ein einziges Museum oder auch nur eine einzige Gedenkstätte irgendwo auf der Welt besucht. Allenfalls die Einkaufszentren und Kneipen. Unsere Betreuer und Funktionäre gehen offenbar nicht davon aus, daß ein Fußballer auch andere Interessen hat. Meist wurde das Besuchsprogramm so geplant, daß keine Zeit war, auch einmal etwas anderes in einer Stadt zu sehen. Aber die Japaner trennen nicht immer alles so strikt voneinander. Man nimmt sich trotz aller Hektik dann auch einmal die Zeit, in Ruhe ein Denkmal zu besichtigen.

Im Hotel warteten bereits Dutzende von Journalisten, und wieder erlebte ich diesen unglaublichen Medienrummel. Ich versuchte mich zurückzuziehen und wollte mit niemandem sprechen. Die Nacht vor einem wichtigen Spiel ist immer schwierig: Viele Spieler können nicht schlafen, wandern auf und ab; lesen kann man nicht, weil man zu nervös ist, Alkohol würde einem am nächsten Tag schaden, das ist ganz schön strapaziös. Ich lenke mich oft mit meinem Computer ab, den schleppe ich immer mit. Entweder ich konzentriere mich auf ein Abenteuerspiel oder schicke Faxe mit dem Faxmodem in die ganze Welt. Durch diese Spielereien werde ich meist so müde, daß ich bald einschlafen kann.

Ich war vor diesem Spiel wie gesagt extrem nervös. Die Sonne knallte vom Himmel, es war unglaublich heiß. Wir mußten bereits zwei Stunden vor dem Anpfiff ins Stadion. Vierzig Minuten lang sollten wir uns aufwärmen, allerdings nicht auf dem Platz, sondern in der Kabine. Ich war von Deutschland gewohnt, daß das höchstens zwanzig Minuten dauert. Die vierzig Minuten in der heißen Kabine zogen sich für mich endlos hin.

Das Stadion war restlos ausverkauft, und vor dem Spiel baten als Samurais mit Kostümen aus dem 17. Jahrhundert verkleidete Darsteller um den Segen für einen Sieg. Das Spiel begann anders, als ich es mir vorgenommen hatte. Gleich in der Anfangsphase gerieten wir ziemlich unter Druck und kassierten auch gleich das erste Tor. In der ersten Halbzeit sahen wir das gegnerische Tor gar nicht. Ich ging, wie ich es auch zu Hause getan hätte, nach der ersten Halbzeit laut fluchend in die Kabine. Gut, daß mich niemand verstanden hat. In der Halbzeit versuchte ich dem Trainer hektisch zu erklären, was meiner Meinung nach falsch lief. Er nickte freundlich und dachte wahrscheinlich: wieder so ein überdrehter Ausländer.

Es war ein deprimierendes Spiel, wir verloren 1:2 und hätten sogar noch mehr Tore fangen können. Nach nur zwei Trainingstagen, der ganzen Hektik der Abreise und dem Medienrummel bei der Ankunft hatte ich die notwendige Umstellung auf das andere Spielsystem noch längst nicht geschafft. Wir rannten alle ununterbrochen hinter dem Ball her, bis wir vor lauter Erschöpfung nicht mehr konnten. Es war extrem heiß, ich schüttete mir Puder in die Schuhe, damit ich nicht gleich beim ersten Spiel Blasen bekam. Ich hetzte das ganze Spiel herum wie ein Verrückter und wollte alles alleine machen, es war fast wie in meinen Tagen als Jugendspieler.

Jeden Eckstoß, jeden Freistoß führte ich aus, ich glaube, ich hätte auch allein gegen die elf anderen gespielt. Auch die Verständigung mit den Mitspielern war schwierig. Rufe oder andere Signale, wie ich sie von Deutschland gewohnt war, verstand niemand. Ich versuchte es mit Handzeichen, aber es war sinnlos. Es klappte einfach nichts, während bei unserem Gegner das Spiel hervorragend lief.

Natürlich stand ich unter enormem Druck. Aber meine Reaktion auf diesen Streß war typisch für eine falsche Einschätzung der japanischen Mentalität. Niemand hat damals von mir erwartet, daß von nun an meine Mannschaft alle Spiele gewinnen und ich beim ersten Einsatz sofort beweisen müßte, daß ich auch mein Geld wert sei. Die größte Überraschung bei diesem ersten verlorenen Spiel war die ungebrochene Begeisterung der Fans und die positive Einstellung der Reporter.

Von den Rängen gab es keine Pfiffe, auch wenn wir uns manchmal richtig blöd anstellten. Die jubelten uns zu und klatschten bei jeder guten Aktion. Nach dem Spiel

stellten die etwa fünfzig Journalisten, die zur Pressekonferenz gekommen waren, ganz normale Fragen,
ohne Gehässigkeit und Hintergedanken.

Aber mich wurmte es natürlich, daß wir so schlecht
gespielt hatten. Jeder einzelne von uns war ein guter
Fußballer, aber gemeinsam schafften wir es nicht –
hier lag das Problem. Auch die Spieler der anderen
Teams sind sehr gute Techniker, viele von ihnen hätten auch in der Bundesliga eine Chance. Aber ein
Journalist hat mal geschrieben, sie spielen Fußball,
wie sie ihre Städte bauen: Oft stößt man auf imposante
Gebäude mit einer Architektur, die in der ganzen Welt
berühmt ist. Nur die Städte insgesamt sind chaotisch-
unkontrollierte Ansammlungen von Häusern, ohne
Planung und Ordnung hingesetzt, als hätte man sie aus
einem Flugzeug abgeworfen. Und so sieht es auch im
Verhältnis des Einzelspielers zur Mannschaft aus.

Ich bin jedoch zu sehr Optimist, um nicht daran zu
glauben, daß man aus diesen guten Technikern eine
gute Mannschaft formen könnte. Mir war schon beim
Training aufgefallen, daß sehr viel Wert auf Technik
gelegt, über Taktik aber kaum ein Wort verloren
wurde.

Ich sah mir das zurückliegende Spiel in den folgenden Tagen öfters auf Video an. Das Zusammenspiel
wirkte unheimlich hektisch, keiner hatte Zeit, den Ball
in Ruhe anzunehmen, er wurde sofort attackiert, und
die Ballabgabe mißlang öfters. Vor allem im Mittelfeld
kam kaum ein ruhiges Spiel zustande. Dann bemerkte
ich erst jetzt richtig, daß der Rasen eine andere Quali-

tät als in Deutschland hatte: Er ist stumpfer und langsamer. Ich mußte mir den Ball ziemlich weit vorlegen und stolperte oft.

Auf dem Video nahm ich zum erstenmal die Zuschauer genauer wahr. Ich war im Stadion so nervös gewesen, daß mir nicht aufgefallen war, mit wieviel Lautstärke und Enthusiasmus die Fans ihre Mannschaft anfeuerten. Es war natürlich ein echtes Heimspiel für die Mannschaft aus Hiroshima. Die Fans trugen fast alle lila Farbe im Gesicht und tanzten wie in einem Sambarhythmus, mal nach links, dann wieder nach rechts. Es sah wirklich toll aus. Anhänger unserer Mannschaft habe ich nur wenige gesehen, aber das hieß nicht, daß uns die anderen auspfiffen.

Auf keinen Fall schien dies eine Operettenliga zu sein, als die sie in Deutschland von vielen bezeichnet wurde. Das Spiel forderte das Letzte von einem. Die Hitze, die Schnelligkeit und der unebene Rasen kosteten sehr viel Kraft.

Ich steckte in einer schwierigen Situation. So konnten wir nicht weiterspielen, das war mir klar. Damit hatten wir keine Chance, an der Spitze mitzumischen. Ich wollte zwar dem Trainer meine Vorstellungen über die Taktik sagen, allerdings nicht den Eindruck erwekken, ich würde mich in die Funktion eines Ko-Trainers drängen, der dann auch Einfluß auf die Aufstellung hat. In den Tagen vor dem nächsten Spiel versuchte ich, ohne einen Spieler konkret beim Namen zu nennen, ein paar taktische Erfahrungen an die Mannschaft weiterzugeben.

Unser zweites Spiel war gegen den Favoriten der Liga, gegen Yomiuri Verdy, die absolute Spitzenmannschaft der Liga, so das Bayern München von Japan. Gegen Verdy zu gewinnen, konnte sich bei uns keiner vorstellen. Wir versuchten uns für dieses Spiel richtig aufzuheizen: Pavel, unser damaliger Kapitän, ist ja Tscheche. Er kann etwas Englisch, und zusammen mit dem Dolmetscher versuchten wir in der Kabine, uns »heiß« zu machen. Das war eigentlich ganz lustig, denn das lief ja in mehreren Sprachen ab, sollte aber eigentlich sehr schnell gehen. Man ruft sich da ja üblicherweise ein paar Schlachtrufe zu, und alle schreien mit. Diesmal mußte es jedoch zuerst übersetzt werden, also kam der zustimmende Schrei der Mitspieler mit einiger Verzögerung.

Aber es hat gewirkt, wir spielten hervorragend. Ich versuchte vor allem die Nerven zu behalten und ruhiger zu agieren. Trotz einer Kulisse von fünfzigtausend Zuschauern, darunter nur etwa zehntausend Fans unserer Mannschaft, spielten wir wesentlich lockerer als beim ersten Spiel. Alle im Team waren nicht mehr so nervös. Die beiden Sturmspitzen von Verdy konnten wir total abblocken, und beide Mannschaften hatten bis zur Pause in etwa ausgeglichene Chancen.

In der Pause ging es wieder los mit den Schlachtrufen in der Kabine. Der Mannschaftskapitän sagte etwas, alle schrien mit, und bis der Dolmetscher übersetzt hatte, war alles schon vorbei. Wichtig war, daß alle voll motiviert wieder auf den Platz liefen. In der zweiten Halbzeit gelang mir ein Freistoßtor, und wir führten gegen den Favoriten 1:0. Da war die Welt für mich wieder in Ordnung.

Den Freistoß zirkelte ich aus fünfundzwanzig Metern um die Mauer herum, durch die Beine eines Abwehrspielers in die linke Ecke. Der Tormann hatte falsch gestanden. Alle stürzten sich auf mich, und wir freuten uns wie die Kinder. In der Bundesliga hatte ich seit fast zwei Jahren kein Freistoßtor mehr erzielt.

Solche Freistöße sind eine Spezialität von mir, ich schieße sie sehr gerne, viel lieber als einen Elfmeter.

Mein erstes Tor für JEF-United Ichihara.

Bei einem Freistoß kann ich mich hundertprozentig konzentrieren, und die nervliche Belastung ist wesentlich geringer als bei einem Elfmeter. Es gibt typische Elfmeterschützen, die haben die Ruhe weg und nützen eiskalt ihren Vorteil. Ganz anders bei einem Freistoß: Hier ist der Torwart an sich im Vorteil, und es geht um die Überraschung, das Unvermutete. Man muß genau beobachten, wie der Keeper steht und wie sich die Mauer plaziert, dann erst kann man den jeweiligen Trick besprechen. Aber auch der muß natürlich schon vorher eingeübt worden sein, man kann ja nicht erst auf dem Platz abklären, wie man den Tormann überlisten will. Ich habe in der ersten Saison in Japan mehr Freistoßtore erzielt als alle anderen Spieler, meinen ersten Elfer in Japan allerdings sofort verschossen.

Beim Spiel gegen Verdy gelang dem Gegner dann noch der Ausgleich, aber wir gewannen 2:1. Unser linker Verteidiger schoß ein wunderschönes Tor aus halblinker Position in den oberen Winkel.

Das war ein wichtiger Tag für mich. Ich erkannte damals, daß meine Ansicht über Technik und Taktik richtig gewesen war: Beim zweiten Spiel agierten alle in der Mannschaft viel ruhiger und konzentrierter. Meine Mitspieler sahen auch, daß ich nicht in die Mannschaft gekommen war, um alle Tore allein zu erzielen. Wir konnten nur gemeinsam gewinnen oder gemeinsam untergehen.

Der ganze Betreuerstab strahlte nach diesem Sieg. Der Vorstand und der Präsident unseres Vereins kamen, um uns zu beglückwünschen. Sie freuen sich mit uns, wenn wir siegen, und sie sind gemeinsam mit uns traurig, wenn wir verlieren. Man erlebt immer alles in der Gruppe.

Ein Fußballverein ist wie eine typische japanische Firma organisiert. Während bei uns nach Saisonende oft die Hälfte der Mannschaft ausgetauscht wird und viele Spieler sich alle zwei, drei Jahre einen neuen Verein suchen, bleiben die Japaner oft viele, viele Jahre bei einer Mannschaft. Manche spielen über einen langen Zeitraum, arbeiten später als Trainer oder Betreuer, aber kaum einer wechselt den Verein.

Nach dieser Saison wurden zwei Spieler verabschiedet, der eine war zehn, der andere acht Jahre beim Verein gewesen. Einer der beiden beginnt jetzt bei uns als Torwarttrainer, der andere übernimmt eine Funktion in der Verwaltung. Auch unser Trainer, der abgelöst wurde, übernimmt nächste Spielzeit das Jugendtraining, und der neue Coach war selbst einmal Spieler bei JEF-United. Jeder findet in diesem System eine neue Aufgabe, wenn er die alte Funktion nicht mehr erfüllt.

Das System läßt ihn nicht fallen, im Gegenteil, es holt sich immer das, was zur Verfügung steht, und errichtet sich damit eine stabile und vor allem loyale Basis. Das ist in der Bundesliga völlig anders – wie ich selbst nach fünfzehn Jahren 1. FC Köln erleben mußte.

Nach dem Spiel gegen Verdy wuchsen mein Selbstvertrauen und mein Optimismus. Ich sah mir immer wieder die Spiele auf Video an, und langsam begriff ich, daß taktisches Verhalten auf dem Platz auch sehr viel mit der Mentalität zu tun hat. So wie die Spanier einen anderen Fußball spielen als die Engländer und die Südamerikaner einen anderen als die Deutschen, spielen auch die Japaner auf ihre Weise. Dort zählt das Können des einzelnen sehr viel, und das der Gruppe auch. Beide Bereiche zu vereinen, das fällt ihnen manchmal schwer. Ich fühlte mich plötzlich an meine eigene Entwicklung als Fußballer erinnert.

Ich hatte früher nämlich das gleiche Problem: Als guter Techniker fand ich sehr schnell einen Platz in einer Spitzenmannschaft, aber mein Talent mit dem Erfolg einer Gruppe zu verbinden, mußte ich erst lernen. Es gibt unter den Fußballern Typen, die sich von Beginn an in eine Gruppe integrieren und die idealen Vorbereiter von Toren sind. Die sind oft gar nicht so bekannt, aber genauso wichtig wie die Torjäger. Genau hier lag das Problem bei JEF-United. Es fehlten die Vorbereiter, die Strategen, die Spielmacher. Aber mich beruhigte diese Erkenntnis, auch wenn wir das erste Spiel verloren hatten und ich auf dem Spielfeld gar nicht so gut ausgesehen hatte. Auf dieser Basis läßt sich aufbauen, dachte ich. Umgekehrt wäre es schwieriger gewesen: Aus einer brav spielenden Mannschaft Individualisten und gute Techniker nach vorn zu bringen ist schwierig.

Japan ist anders

Die nächsten Wochen versuchte ich mich in Japan einzuleben. Etwas vorsichtig war ich noch mit dem Essen, Sushi zum Beispiel esse ich bis heute sehr selten. Zu Beginn hielt ich mich ganz an die europäische Küche, das Hotel, in dem ich wohne, bot mir ja alle Möglichkeiten dazu. Aber Jakiniku, gebratenes Fleisch, oder Tempura, die panierten Fischspeisen, und auch die Suppen probierte ich alle. Heute esse ich so fünfzig-fünfzig, also etwa zur Hälfte japanisch.

Durch das intensive Training hatte ich kaum Zeit, Tokio genauer kennenzulernen. Die ersten Eindrücke waren alle sehr angenehm und positiv. Die Stadt zählt sicher nicht zu den schönsten der Welt, ist aber funktional, sauber und freundlich. Mein Leben verlief zu Beginn fast so wie zu Hause in Deutschland. Die Menschen, und das fiel mir sofort auf, waren jedoch völlig anders als in der Heimat. Sicherlich gibt es auch zwischen europäischen Ländern Mentalitätsunterschiede, aber die Japaner sind einem Europäer doch erst einmal sehr fremd.

Im Fußball spielen solche Verschiedenheiten eine große Rolle, wenn man sich in eine neue Mannschaft integrieren will. Wenn das eigene Können stimmt, heißt das noch lange nicht, daß man es auch auf dem Spielfeld innerhalb der Mannschaft erfolgreich umsetzen kann. Mein Alltag verlief jedoch ruhig und geordnet. In den ersten Wochen schon entwickelte sich ein Tagesablauf, der dank der guten Organisation der Japaner nie in ein Chaos ausartete. Okudera sagte immer wieder, ich sei eigentlich immer schon ein Japaner gewesen. Die zurückhaltende Art der Japaner kam mir sehr entgegen. Auch hier will jeder gewinnen und der Beste sein, aber er muß es nicht jeden Tag laut herausbrüllen wie die Spieler in Europa.

Man spürt auch im Fußball, daß der einzelne Japaner vor allem durch die Leistung der Gruppe gewinnt – oder verliert. Die eigene Person ist dabei nicht so wichtig. Eigenartig ist allerdings, daß er trotzdem Schwierigkeiten hat, sich in ein Team zu integrieren. Die Spieler sind großartige Individualisten, aber noch schwache Teamspieler.

Ich fiel in die japanische Fußballwelt wie ein Tropfen Wasser in einen See. Alle meine Ängste bezüglich Anpassungsschwierigkeiten erwiesen sich als unbegründet. Der Einjahresvertrag wurde bereits nach drei Monaten verlängert. Die Vereinsleitung hatte Vertrauen zu mir, und auch ich konnte mir plötzlich vorstellen, für längere Zeit in Japan zu bleiben.

Ich bin heute aus vier Gründen froh, hier zu sein. Erstens läßt man mich hier in Ruhe arbeiten. Ich muß nicht jeden Montag nervös in der Zeitung blättern, ob irgendein Journalist sich die Mühe macht, meine privaten Probleme zu analysieren. Zweitens hab' ich den Spaß am Fußball wiedergefunden. Ich kann spielen, ich kann mit der Mannschaft arbeiten, und ich habe ein sportliches Ziel vor Augen. Drittens werde ich als Person akzeptiert. Ich bin nicht mehr der Jüngste, das weiß jeder, ich bin klein und habe Säbelbeine, und das schon seit vierunddreißig Jahren. Wozu also immer wieder darüber sprechen oder schreiben? Man nimmt mich hier so, wie ich bin, und das gibt einem eine sehr große Sicherheit. Und viertens ehrt mich auch der hohe Stellenwert, den ich hier habe. Ich freue mich, daß man mit meiner Leistung zufrieden ist und daß die Japaner mich als Spieler wie als Mensch akzeptieren. Ehrlich gesagt hatte ich in Deutschland nicht solchen Erfolg wie hier.

Langsam fand ich mich auch in Tokio zurecht. Meine Vorstellung von der Stadt entsprach nicht den Realitäten. Zu Hause in Deutschland hatte ich gedacht: Das ist eine große Stadt wie jede andere, mit ein paar Hochhäusern im Zentrum und einem Ring von Vorstädten und kleineren Vierteln. Bald mußte ich jedoch erkennen, daß Tokio keinen Anfang und kein Ende hat und man sich sehr schnell darin verliert.

Straßennamen gibt es kaum, als Adresse werden die Namen der Hochhäuser genannt, und die Verständigung ist aufgrund der Sprache weiterhin schwierig. Meist gab mir jemand einen japanisch geschriebenen Zettel mit der Adresse mit, den ich dann dem Taxifahrer zeigte. Wenn ich die Adresse nannte, verstand sie niemand.

Ich weiß noch, als ich das erste Mal über die große Ginza-Kreuzung im wichtigsten Einkaufszentrum der Stadt ging. Mir kamen etwa fünfhundert Männer in blauen Anzügen entgegen, die Menge wirkte erschlagend. Bei meinem ersten Besuch der Haupteinkaufsstraße kam ich mir vor wie ein Bürger aus einem osteuropäischen Land, der zum erstenmal in eine westliche Großstadt kommt: riesige Kaufhäuser mit einem unglaublich vielfältigen Angebot, vierstöckige Papierfachgeschäfte, Spielwarenhäuser mit mehreren Etagen, alles schien überdimensional und von einer Produktvielfalt, die keine deutsche Stadt annähernd erreicht. Ich gehe heute noch gerne dort einkaufen, und es ist alles zu finden, was es auf der Welt gibt, und immer die beste Qualität.

So wie die Japaner auf absoluter Sauberkeit und Perfektion im täglichen Leben bestehen, so sehen auch die Waren aus, die sie in den Geschäften anbieten, allerdings zu einem sehr hohen Preis. Ich wohne in einem Hotel außerhalb von Tokio, weil es einfach angenehm ist und ich dort nahe am Trainingsgelände von JEF-United bin. Ein Leben in der Stadt kann ich mir nicht vorstellen. So ist mein Alltag heute gar nicht so viel anders als damals in Deutschland. Auch dort wohnte ich in einem Dorf außerhalb von Köln und fuhr nur gelegentlich ins Zentrum.

Unglaublich populär

Schon nach den ersten Wochen wurde ich von Sympathie und Bewunderung regelrecht überflutet. Es ist mir unerklärlich, warum die Japaner mir mit soviel Begeisterung entgegenkommen. Unser Team spielte mittelmäßig, ich hatte mehr erreichen wollen. Aber ganz unabhängig von den Endergebnissen entstand um mich herum ein Starkult, den ich in Deutschland nie erlebt hatte. Menschen warteten in der Hotelhalle auf mich und wollten ein Foto von mir. Ich bekam Geschenke und Hunderte von Briefen. Wenn ich in die Stadt einkaufen ging, mußte ich mir zur Tarnung einen Hut und eine Sonnenbrille aufsetzen.

Doch all die Bewunderung äußert sich mit japanischer Disziplin. Wollen drei Leute ein Foto und man hat nur Zeit für einen, so verbeugen sich die anderen beiden und bedanken sich trotzdem. Kein böses Wort, keine Aggressivität, kein Geschimpfe. Die euphorische Stimmung kann aber auch riskant werden: Als wir gegen Shimizu S-Pulse spielten, mußten wir durch ein Spalier von Fans zum Stadion. In meiner Naivität ging ich auf einen zu und reichte ihm die Hand – gleich darauf brach das Chaos los. Die Polizei mußte einschreiten und mich sicher zur Kabine geleiten.

Bei einem Spiel in der Tokio-Dome-Halle, bei dem sie übrigens für diesen einen Anlaß den gesamten Boden mit Gras belegten, mußten mich vier Sicherheitsbeamte wieder hinausbringen, weil die Zuschauer in Massen auf meinen Platz zu drängten. Die Menschen sind einfach begeistert, und manchmal denke ich, das Spiel ist gar nicht so wichtig. Wichtiger sind die Unterhaltung und die Show. Aber das wird sich ändern. Auch die japanischen Zuschauer werden mit der Zeit die Spiele kritischer sehen.

Absoluter Höhepunkt meiner Popularität war die Ernennung zum Ehren-Stations-Vorsteher des Zentral-

Auch in Japan habe ich besonders viele Fans unter den Kindern.

bahnhofes von Tokio. Die Japanese Railway, eine private japanische Eisenbahngesellschaft, ist, wie erwähnt, Hauptaktionär von JEF-United. Der zweite wichtige Sponsor ist Furukawa-Steal. Anders als in Deutschland bezeichnet der Name des Unternehmens, den man auf dem Trikot trägt, nicht automatisch den wichtigsten Sponsor.

Japanische Klubs werden wie Industrieunternehmen geführt. Die Präsidenten und das ganze Management sind Fachleute, die nicht ehrenamtlich fungieren, sondern fest angestellt sind. Die Hauptaktionäre garantieren den finanziellen Hintergrund eines Vereins, und es ist undenkbar, daß eine Mannschaft bankrott geht. Hinter jedem Team steht ein riesiger Konzern, Mannschaften ohne diese »Stütze« würden gar nicht zur J-League zugelassen werden.

Die Eisenbahngesellschaft ehrt nun jedes Jahr eine Person mit der Ernennung zum »Station master«. Bisher wurde noch nie einem Ausländer diese Auszeichnung zuteil. Ich wurde einen Tag vorher vom Hotel abgeholt und mußte im Stationshotel übernachten. Schon ein paar Wochen zuvor wurde bei mir Maß genommen, und am Morgen des wichtigen Tages lag eine neue, extra für mich geschneiderte Uniform in meinem Zimmer. Eine weiße Jacke, weiße Hose und weißes Hemd, Kappe und Krawatte. Ich durfte, eine hohe Ehre, den Bahnhof durch einen Eingang betreten, der normalerweise ausschließlich der kaiserlichen Familie vorbehalten ist.

Dann erklärte man mir meine Arbeit für diesen Tag: Ich mußte Züge abfahren lassen, Signale einstellen und Meldungen der Mitarbeiter entgegennehmen. Es war schon sehr ungewöhnlich. Vielleicht kommt einem in Deutschland diese Form der Verehrung lächerlich vor, aber ich finde es schön, wenn Popularität und Erfolg nicht nur materiell abgegolten werden. Was bleibt denn in Deutschland noch außer dem Scheck, der immer höhere Summen aufweist? Der Erfolg wird nur noch auf dem Bankkonto registriert, alle andere Ausdrucksformen von Bewunderung versucht man entweder zu vermeiden, oder sie sind in Form von werbemäßig verpackten Aktivitäten wieder mit Geld verbunden. Ich kann in Deutschland in einer Talkshow auftreten und muß dann damit rechnen, daß dem Moderator seine Sendung nur gelingt, wenn er mich fertigmacht. Dann steigt die Einschaltquote, und sein

Chef ist zufrieden. Ich kann mich auch von einem Journalisten interviewen lassen und mich eine Stunde lang gegen falsche Vorwürfe verteidigen.

Man mag mir Feigheit oder Bequemlichkeit vorwerfen, aber ich komme hier ganz gut ohne die ständigen Konfrontationen wie in Deutschland aus. Wenn jemand versucht, mich in die Enge zu treiben, dann sind es einige Journalisten, speziell aus Deutschland, obwohl es auch da Ausnahmen gibt. Bei den Japanern würde das keinem einfallen.

Wahrscheinlich würden die deutschen Presseleute ihre japanischen Kollegen als unkritisch und oberflächlich bezeichnen, aber das halte ich für völlig falsch. Da geht es doch nicht um »Blindheit« in der Berichterstattung, es geht um die hier fehlende Sucht nach der negativen Sensation. Gerade diese Sucht wird paradoxerweise noch als »kritischer« Journalismus bezeichnet. In Japan geht man jedoch überall sehr vorsichtig mit Kritik um, auch im Fußball. Es ist eben halt die unterschiedliche Sicht – wie bei dem halbvollen oder dem halbleeren Glas ...

Motivation, Flexibilität und Disziplin auf japanisch

In Deutschland ist es ja durchaus üblich, durch Kritik einen Spieler zu motivieren, es besser zu machen. Es gibt Trainer, die einen nur noch anbrüllen, was man für einen Mist gespielt hat. Und beim nächstenmal will man ihm dann beweisen, daß man doch nicht so ein Versager ist.

In Japan geht das nicht, das mußte ich sehr schnell lernen. Hier funktioniert nur die positive Motivation. Wenn eine japanische Mannschaft gewinnt, dann ist sie so begeistert, daß sich daraus leicht eine Siegesserie entwickeln kann. Verlieren sie ein- oder zweimal, dann geht alles den Bach hinunter. Das Selbstvertrauen ist sehr schnell angeknackst, der Zweifel überfällt einen, und die Spieler trauen sich nichts mehr zu.

Sie leben lieber ohne Druck, und der Trainer muß versuchen, sie ohne harsche Kritik zu höheren Leistungen zu motivieren. Es gibt ja die beiden Prinzipien: entweder die negative Leistung betonen in der Hoffnung, daß sie nicht wiederholt wird. Oder die positiven Seiten hervorheben, und so dem Spieler zeigen, was gut an seinem Spiel ist, und ihn dazu bringen, das so oft wie möglich zu wiederholen.

In Japan klappt nur die zweite Methode. Ich war nach unserer ersten Niederlage völlig erstaunt, wie ruhig und sachlich der Trainer sich verhielt. Er kam in die Kabine und sagte einfach: »Das nächste Mal wird es besser laufen.« Sonst nichts. Keine Kritik, kein Wutanfall, keine Beschimpfungen. In Deutschland würde der Trainer die Spieler nach einer Niederlage zusammenstauchen und ihnen vorwerfen, sie wären unfähige Dilettanten. Wenn er das in Japan täte, könnte er lange auf eine bessere Leistung im nächsten Spiel warten. Auch diese Methode der Motivation kam meiner Art sehr entgegen. Sie liegt mir wesentlich näher als das Geschrei in Deutschland, obwohl ich auch verstehe, daß man mit der japanischen Methode in Deutschland wahrscheinlich nichts erreichen könnte. Der Glaube an die eigene Stärke ist in Japan der Schlüssel zum Erfolg. Hat einer nur wenige Stärken, so muß man versuchen, diese wenigen zu mobilisieren.

Jede Kritik wird im Grunde genommen als eine Form der Disziplinlosigkeit empfunden. Besonders schlimm ist es, wenn sie sich gegen eine Autoritätsperson richtet. In Japan sind die Strafen für Schiedsrichterbeleidigungen drakonisch. Im Wiederholungsfall kann eine Sperre auf Lebenszeit ausgesprochen werden. Die Mannschaft mit den meisten Fouls muß am Ende der Saison eine saftige Geldbuße bezahlen. Disziplin ist alles und die Grundlage jeden Erfolgs.

Auch ich mußte das gleich beim ersten Training erfahren. Ich wollte ein paar Worte zu den Journalisten sagen, die uns beobachteten, wurde jedoch vom Trainer sofort vom Spielfeldrand zurückgeholt: Jetzt sei Training, danach könne ich meine Interviews geben, sagte er, und was er sagt, ist Gesetz. Jeder Einwand wäre eine schlimme Beleidigung.

Ein Nachteil dieses Systems, so sehr es auch der japanischen Mentalität entsprechen mag, ist der fehlende Meinungsaustausch nach einem Spiel. Der ist jedoch notwendig, weil die Spieler unmittelbar nach Spielende meist am besten wissen, was richtig und was falsch gelaufen ist. Anfangs war ich ziemlich verwundert, daß keiner meiner Mitspieler ein Wort sagte.

Man antwortete eher ausweichend, und natürlich wollte keiner einen anderen kritisieren. Ich meinte, daß es doch möglich sein müßte, zu mehr Offenheit zu kommen.

Einmal setzte ich mich im Coffeeshop meines Hotels mit allen zusammen und wollte hören, warum ihrer Meinung nach das letzte Spiel nicht so gelaufen war, wie wir uns das gewünscht hatten. Das Gespräch kam schon allein deswegen schwer in Gang, weil es für sie neu war, überhaupt nach der eigenen Meinung gefragt zu werden. Aber so nach und nach verändert sich alles, mittlerweile kommen sie mehr aus sich heraus. Die Japaner übernehmen schnell neue Verhaltensweisen, und nach einer gewissen Zeit können sie es besser als ihre Lehrer.

Ihre Begeisterung drücken die japanischen Zuschauer sogar in deutsch aus.

Dies kritiklose Hinnehmen hat für das Spiel selbst erhebliche Nachteile. Wenn wir als Mannschaft auf einen Gegner eingestellt werden und die Situation sich verändert, dann tut sich die Mannschaft sehr schwer damit, plötzlich eine andere Taktik zu spielen. Sie brauchen die Anweisung vom Trainer, anders ist für sie eine Veränderung schwer vorstellbar. Die Flexibilität fehlt, der Mut zum Risiko, plötzlich etwas anders zu machen, als vereinbart war.

Wir spielten einmal gegen Verdy, den späteren Meister der J-League, und führten nach einem sehr guten Spiel mit 1:0, nachdem ich eine Ecke direkt verwandeln konnte. Der Gegner verlor einen Spieler durch Platzverweis, und so spielten wir lange Zeit nur gegen zehn Mann. Trotzdem herrschte in unserer Mannschaft zu großer Respekt, und anstatt das Spiel zu machen, um unsere psychologischen und zahlenmäßigen Vorteile zu nutzen, versuchten wir das Ergebnis über die Zeit zu retten. Und das klappt ja bekanntermaßen meist nicht. So verloren wir durch zwei späte Tore noch mit 1:2, und das war der Beginn einer Niederlagenserie mit fünf verlorenen Spielen in Folge.

Ich war damals sehr sauer, weil ich während des Spiels versucht hatte, die Mannschaft nach vorn zu treiben, nach dem Motto: Angriff ist die beste Verteidigung, aber es ging nicht. Es wäre gegen die Anweisung gewesen, die jeder vor dem Spiel bekommen hatte. So haben wir mehrere Spiele verloren, vor allem in der zweiten Hälfte der Saison.

Ein japanischer Spieler würde sich zum Beispiel nie

über eine Aufgabe beklagen, die er an sich gar nicht übernehmen will. Vielleicht ein Vorteil, weil es nicht so viele Streitereien gibt, es kann aber auch ein Nachteil sein, weil man als Trainer doch wissen sollte, in welcher Rolle der Spieler sich selbst sieht. Im japanischen Fußball übernimmt der Spieler eine Aufgabe und versucht sie optimal zu erfüllen. Wenn seine Talente vielleicht aber ganz woanders liegen und er auf einer anderen Position für die Mannschaft auch viel wertvoller sein könnte, dann muß der Trainer das erkennen und entscheiden. Der Spieler selbst würde nie etwas vorschlagen.

Natürlich hat dieses prinzipiell gültige Disziplinsystem auch seine Vorteile. Die Betreuung durch den Verein wird mit der gleichen Verläßlichkeit organisiert, die von einem selbst verlangt wird. Brauchst du irgend etwas, steht es am nächsten Tag auf deinem Platz. Willst du am Sonntag ein Auto, so wartet es pünktlich vor der Tür.

Jede Anweisung wird mehr als hundertprozentig erfüllt, und dafür stehen auch viele Hilfskräfte zur Verfügung. Jeder hat seinen Aufgabenbereich, und auf den konzentriert er sich. Während in Köln in der Geschäftsstelle der eine mal Telefondienst machte und sich dann wieder um die Post kümmerte oder andere Dinge erledigte, hat hier im Verein jeder seine genau definierte Aufgabe.

Dadurch, daß niemand entlassen wird oder von sich aus den Verein verlassen möchte, steigt die Zahl der Mitarbeiter ständig an. Bei JEF-United sind derzeit

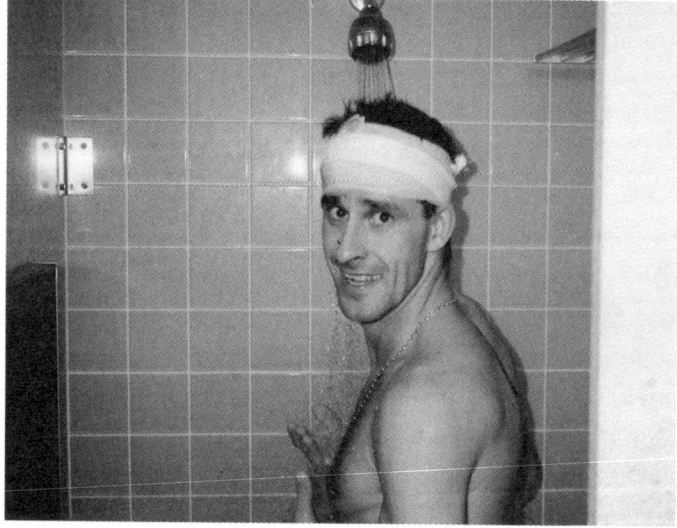

oben: Szene aus einem Match gegen die Yokohama Marinos.
unten: Die Spieler in der J-League kämpfen oft noch zu übermotiviert,
auch ich war mit einer Kopfverletzung unter den Leidtragenden.

vierundzwanzig Spieler im Kader, plus acht Jugendspieler. Der Trainer und der Ko-Trainer sind ehemalige Spieler, auch der Torwarttrainer. Dann arbeiten
noch zwei Trainer mit der zweiten Mannschaft, die
eine eigene Meisterschaft ausspielt. Wenn da einmal
ein Torwart ausfällt und der andere krank ist, stellt
sich halt der Torwarttrainer selbst ins Tor.

Für die Behandlung von Verletzungen gibt es vier
Masseure und einen Sportlehrer, der sich um die Re-
habilitation kümmert, auch eine Einrichtung, die in
Deutschland undenkbar wäre. Es war allerdings eigenartig, wie viele Blessuren es im ersten Jahr der Profiliga gab. Besonders auffallend die Kopfverletzungen:
Auch ich hatte bei einem Kopfballduell eine Platz-
wunde davongetragen. Die Spieler sind oft noch übermotiviert.

Die Meisterschaftsrunde

In den ersten Monaten nach dem Start der J-League
wurde unser Spiel zunehmend besser, und wir kamen
immer näher an einen Spitzenplatz heran. Das japanische System in der ersten Liga unterscheidet sich in
ein paar Aspekten vom deutschen. Wichtig ist jedoch
nur ein Punkt: Es gibt hier kein Unentschieden.

Die Gründer der J-League befürchteten, daß Spiele, in
denen die Mannschaften ein 0:0 anstrebten, und dafür
beide noch einen Punkt bekommen, das Zuschauerin-
teresse schwinden lassen könnten. Also schafften sie

das Unentschieden einfach ab und übernahmen den sogenannten »sudden death«, den »schnellen Tod«.

Wenn jetzt ein Spiel am Ende der regulären Spielzeit noch unentschieden steht, wird eine Verlängerung gespielt. Die dauert allerdings nur bis zum ersten Tor. Gewonnen hat die Mannschaft, die in dieser Verlängerung das erste Tor schießt.

Steht es nach der Verlängerung immer noch unentschieden, also ist kein Tor gefallen, so entscheidet das Elfmeterschießen. Das wird bis zum fünften Elfmeterschützen in jeder Mannschaft durchgeführt, gibt es dann noch immer keinen Sieger, so wird weiter Elfmeter geschossen, bis eine Mannschaft mit einem Tor führt. Der Sieger bekommt einen Punkt, der Verlierer keinen.

Wir hatten schon Spiele, in denen es bis zum 9:8 gegangen ist, und zuletzt die Torleute schießen mußten, weil jeder Spieler nur einmal antreten darf. Das System kann unheimlich kräftezehrend sein, ist aber ein perfektes Spektakel für die Fans. Bei zwei Spielen pro Woche können zweimal hundertzwanzig Minuten plus Elfmeterschießen wirklich das Letzte von einem fordern.

Der »sudden death« war für mich eine neue Erfahrung: Man erlebt bis zum Ende eine extreme, alles beherrschende Anspannung, von einer Sekunde auf die andere kann man vor dem totalen Nichts stehen – oder alles gewinnen. Nach den ersten Spielen konnte ich bereits sehr gut verstehen, weshalb man diesen Spielmodus »sudden death« nennt ... Aber auch wenn die

Belastung für alle, von den Spielern bis hin zum Trainer, enorm ist, finde ich diese Regel inzwischen sehr gut.

Die Liga hat zwölf Mannschaften (im zweiten Jahr), jeder spielt zweimal gegen jeden, und es gibt eine Vor- und eine Rückrunde. Nach dem ersten Durchgang, etwa mit der Herbst-Meisterschaft in Deutschland vergleichbar, gibt es einen Meister. Dann wird wieder bei Null begonnen, und es gibt einen Rückrundenmeister. Die beiden ersten spielen dann im Januar zwei Finals um die Meisterschaft. Dies System wird beispielsweise auch in Argentinien verwendet. Wir hatten einen sehr guten Start, und am Ende der Vorrunde fehlten uns nur ein paar Punkte bis zum Meistertitel.

Die Spiele waren manchmal sehr hart, nicht weil die Japaner so unfair spielen, sondern weil jeder immer alles geben wollte. Die Schiedsrichter mußten öfters durchgreifen, es gab zahlreiche gelbe und rote Karten, und in manchen Fällen wurden Spieler auch noch zusätzlich vom Verband bestraft.

Auch das ist hier möglich. Besonders als ausländischer Spieler mußte man sich oft zurückhalten, weil die Schiedsrichter keinerlei Kritik an ihren Entscheidungen dulden. In Deutschland ist es halt ganz normal, daß man seine Wut über eine Schiedsrichterentscheidung auch raus läßt.

Auch in Japan gibt es Sieg und Niederlage

Ich wuchs sehr schnell ins Team hinein. Kurz nach unserem ersten Sieg gegen den Favoriten Verdy gewannen wir 5:0 gegen die zweite Top-Mannschaft der Liga, die Yokohama Marinos. Bei ihnen spielt Asiens bester Libero, Ihara, an dem kaum einer vorbeikommt. Er ist der Liebling der Frauen und weiß das auch. Auch der Torhüter Matsunaga ist ein Original: Als er einmal hart attackiert wurde, lief er vor lauter Wut mit dem Ball ins eigene Tor.

Während unserer Siegesserie klappte plötzlich alles. Es wurden Freistoßtore aus Distanzen erzielt, aus denen hier früher nicht einmal aufs Tor geschossen wurde. Ich konnte eine Ecke direkt verwandeln, weil der Wind sehr günstig stand. Wir hatten unheimlich motiviert gespielt, und weil uns soviel gelungen war, rannten wir jedes Mal auf den Platz in der festen Überzeugung, niemand könne uns schlagen.

Im Laufe der Saison hatten wir dann großes Verletzungspech: Unser Tormann, Shimok Hawa, fiel aus, und zusätzlich brach sich unser Verteidiger Kizo den Knöchel; auch unser Innenverteidiger Yuji sowie unser Libero Michel mußten monatelang verletzt pausieren – so mußten wir die gesamte Verteidigung ersetzen und kassierten in der zweiten Halbserie die zweitmeisten Gegentore. Auch wenn wir nach erzielten Toren über lange Zeit die zweitbeste Offensivmannschaft waren, reichte es am Ende nur zum neunten Platz.

Wie das so ist hier in Japan, je stärker die Motivation in einer Siegesserie gewirkt hat, desto negativer werden Niederlagen empfunden. Die Mannschaft ist dann schnell deprimiert und traut sich nichts mehr zu. Sie spielt übervorsichtig, macht unnötige Fehler und verkauft sich weit unter ihrem Wert.

Wir verloren gegen Antlers Kashima das entscheidende Spiel um die Meisterschaft der Vorrunde, und diese Niederlage war in diesem ersten Jahr so etwas wie ein negativer Wendepunkt für uns.

Antlers ist vielleicht *das* Symbol für die Erfolgsgeschichte des japanischen Fußballs. Die Mannschaft spielte vor einem Jahr noch eine völlig unbedeutende Rolle in der Amateurliga und bewarb sich bei der Gründung der Profiliga um eine Lizenz. Man wollte zu Beginn dieser Liga nur sechs Mannschaften zulassen und erklärte den Sponsoren von Antlers, daß jedes Team der J-League ein Stadion für mindestens fünfzehntausend Zuschauer vorweisen müsse.

Damit schien das Problem erledigt. Doch die Manager des Klubs, der in Kashima, einer eher kleinstädtischen Gegend, beheimatet ist, ließen nicht locker. Sie schlossen sich mit den umliegenden Gemeinden zusammen und bauten gemeinsam mit einem finanzstarken Sponsor ein neues Stadion – und durften teilnehmen. Sie haben die erste Serie der J-League gewonnen.

Wenn wir gegen Antlers spielten, dann konnten wir erleben, was Fußballbegeisterung in Japan bedeutet. Pausenlos wurde die eigene Mannschaft angefeuert, die Fans tanzten im Samba-Rhythmus, und ein Meer von Fahnen wogte während der ganzen neunzig Minuten. Wie stets in Japan gilt die Begeisterung auch dem Gegner. Auch wir wurden jedesmal mit Jubel begrüßt, gute Aktionen erhielten Szenenapplaus, und nach dem Ende des Spiels warteten die Fans vor dem Stadion auf uns, um sich zu verabschieden.

Ich war zu Beginn sehr erstaunt, daß in Japan so viele Mädchen und junge Frauen zu den Spielen kommen und dann oft auch ganze Familien mit mehreren kleinen Kindern. Beides ist in Deutschland unvorstellbar. Hier ist das Stadion ein Ort, an dem alle Gefühle zeigen können, was sonst in der japanischen Gesellschaft verpönt ist.

Sie malen sich die Gesichter mit den Farben des Vereins an und strömen bunt gekleidet ins Stadion, wo sie singen, tanzen und herumalbern können. Wo dürfen sie das sonst noch? Und für die Familien bedeutet das Spiel einen richtigen Ausflug. Auch wenn die Spiele erst um sieben Uhr abends beginnen, sitzen die ersten schon um zehn Uhr vormittags da und warten den ganzen Tag.

Fußball ist, gerade was den Kontakt zwischen Spieler und Zuschauer angeht, zu einer sehr starken Konkurrenz für Baseball und Sumo geworden, den beiden Sportarten, die vor der Gründung der J-League in Japan den größten Zulauf hatten. Das eine ist ein reiner Männersport, importiert aus den USA, mit viel Disziplin im Spiel und unter den Zuschauern. Sumo ist der japanische Traditionssport mit den riesigen, übergewichtigen Kämpfern, die sich wie in einem Ritual aus dem Ring drängen.

Der Fußball ist jung, modern, farbenprächtig – bis hin zu den grell bemalten Gesichtern der Fans. Und er ist damit auch der Sport der jungen Leute. Die Stars sind individuell gekleidet, haben manchmal lange Haare und tragen bunte Trainingsanzüge, genau das Gegenstück zu den Kurzhaarschnitten und den »Sportuniformen« beim Baseball oder den nahezu nackten, fast weiblich wirkenden Sumo-Kolossen. So wurden die Fußballer zu Pop-Stars, Idole vor allem auch für die weiblichen Teenager, die durch die Begeisterung auf den Zuschauerrängen und die überschäumende Freude ihren Protest gegen die traditionelle japanische Gesellschaft ausdrücken.

Die Fans sind uns Spielern sehr wichtig. In unserem Klub arbeitet ein eigener Fan-Betreuer. Es gibt einmal im Jahr eine Fan-Party und ein Spiel zwischen der Mannschaft und den Anhängern. Ich habe beim ersten Mal den Schiedsrichter gespielt. Ein paar, die ausgelost worden sind, dürfen mit den Spielern im Hotel wohnen. In Deutschland hat jeder Spieler Angst, den Fans zu nahe zu kommen. Die Profis sehen sich auf der einen Seite und die Anhänger auf der anderen. Die meisten möchten eigentlich gar nicht mit ihnen in Kontakt kommen.

Doch hier glaubt man, daß der Jubel und die Unterstützung durch die Fans der beste Ansporn für eine Mannschaft sind. Sicher wird das von den Firmen gefördert, die durch den Verkauf von Stickern, Schuhen, T-Shirts und unzähligen anderen kleinen Dingen des Alltags, auf denen das Zeichen der J-League zu sehen ist, Millionenumsätze machen. Aber ich glaube, die Japaner sind besonders abhängig von Lob und Anerkennung. Man hält hier nicht viel von Psychologie, kein Team hat einen Psychologen, der die Spieler betreut. Meine Kameraden spielen in erster Linie für die Ehre und sicherlich auch fürs Geld. Die Ehre jedoch kommt von »oben«, vom Vorgesetzten, vom Trainer oder vom Präsidenten des Klubs.

Wenn der Präsident zum Beispiel vor dem Spiel in die Kabine kommt und ein paar Worte sagt, so wirkt das wie ein Aufputschmittel. Es gibt da so ein Ritual, ähnlich wie bei Eishockeyspielern: Alle stehen im Kreis und nehmen sich bei den Händen. Der Trainer ruft einen Schlachtruf wie »Laßt uns alle zusammen kämpfen«, und alle schreien es nach. Auf dem Platz machen wir es noch einmal. Auch das wäre undenkbar in Deutschland, die würden sich an den Kopf fassen, wenn das einer vorschlägt. In Deutschland waren wir Profis immer bestrebt, möglichst keine Gefühle zu zeigen. Der coole Superman ist die Wunschvorstellung. Auch keine Hand aufs Herz bei der Nationalhymne und schon gar nicht eine besondere Nähe zu den Mitspielern.

Mannschaftsgefühle

Wir haben hier in Japan ein gutes System, damit nach dem Ende eines Spieles nicht alle einfach so auseinandergehen. Egal, wie es gelaufen ist, es wird danach in der Kabine noch ein wenig Gymnastik gemacht. Dann wird uns ein Statistikbogen ausgehändigt, auf dem der Spielverlauf dokumentiert ist. Da steht, in welcher Minute gab's einen Schuß aufs Tor, eine Ecke, ein Foul und dann noch eine Zusammenfassung. So sehen wir, wie das Spiel in den einzelnen Phasen abgelaufen ist, ab wann wir vielleicht in die Defensive gedrängt wurden, wann wir nach vorne gestürmt sind und so weiter. Auf der Rückfahrt im Bus sehen wir manchmal das Video vom letzten Spiel, und auf der Reise zum nächsten Gegner sehen wir dessen letztes Spiel.

Am Abend vor dem Spiel trifft man sich meistens mit anderen Spielern im Massageraum des Hotels. Da wird meist eine Suite freigemacht, um dort arbeiten zu können. Man sitzt mit ein paar Spielern zusammen, bespricht mit den Masseuren seine kleinen Blessuren und ißt die Kuchen, die uns ein paar Fans gebracht haben. Es entsteht eine sehr angenehme Stimmung, und mit meinen paar Worten Japanisch kann ich mich schon ganz gut verständigen.

Die Spieler gehen vorsichtig miteinander um, und alles ist darauf ausgerichtet, daß keine Unruhe in der Mannschaft entsteht. Die Japaner haben Angst vor Unruhe und Streß, das ist vielleicht immer noch ihr größter Fehler beim Fußballspielen. Die eigene Nervosität und die überstürzten Reaktionen in schwierigen Situationen haben Japan auch letzten Endes die Teilnahme an der Weltmeisterschaft gekostet.

Ich war zu Beginn der Qualifikationsspiele sehr optimistisch und sprach immer von einer achtzigprozentigen Chance, daß Japan es schafft. Damals wurde ich belächelt, denn die Fachleute zweifelten allgemein, daß sie die Qualifikation in Khatar packen würden. Die ersten Spiele in Dohar bei der Finalrunde für die asiatischen Verbände absolvierten die japanischen Spieler extrem unruhig und hektisch und verloren weit unter Wert.

Dettmar Cramer, selbst einmal Trainer der japanischen Nationalmannschaft, hat sehr richtig gesagt: Japanische Mannschaften werden immer besser, je müder sie sich gerannt haben. Erst wenn die Hektik raus ist, können die Spieler ihre Stärken entfalten.

Es wurde dann auch wirklich besser, sie schossen Tore und gewannen auch einige Spiele. Die eigentliche Katastrophe war ein Gegentor in letzter Sekunde gegen den Irak. Ich sah damals das entscheidende Spiel im Fernsehen gemeinsam mit meinem Übersetzer, und wir zitterten wie alle Fußballbegeisterten in Japan. Ich weiß noch, wie der Kommentator die Sekunden zählte, die noch bis zur Teilnahme in den USA fehlten. Er sagte, noch zehn Sekunden bis nach Amerika, noch neun, noch acht, und dann fiel das Tor. Wir konnten im Fernsehen beobachten, wie Spieler zusammenbrachen und zu weinen anfingen. Die wenigen Fans aus

Japan, die ihre Mannschaft neunzig Minuten lang stürmisch angefeuert hatten, saßen völlig deprimiert auf ihren Plätzen, und die Tränen rannen ihnen über die Wangen. So verzeifelt habe ich noch nie eine Fußballmannschaft und ihre Anhänger gesehen.

Aber vielleicht hat es auch seine guten Seiten, diesmal nicht mit dabeizusein. Japan kann in Ruhe seine Aufbauarbeit fortsetzen und wird sicherlich bei der nächsten Fußballweltmeisterschaft eine andere Rolle spielen.

Der entscheidende Fehler war auch diesmal die fehlende Ruhe in den gefährlichen Situationen. Die Spieler können sich sehr gut präsentieren, wenn der Druck fehlt. Das habe ich oft bei internationalen Freundschaftsspielen beobachtet. Doch fehlt ihnen die Erfahrung, mit schwierigen, psychisch belastenden Situationen fertig zu werden. Sie werden dann nervös und machen Fehler, die ihnen sonst nie unterlaufen würden.

Für die nächste Weltmeisterschaft sollte die japanische Nationalmannschaft als Vorbereitung möglichst viele Freundschaftsspiele mit sehr starken Gegnern machen. Das Team sollte sich immer wieder dem Druck stellen, um zu lernen, wie man dann trotzdem sein Spiel durchzieht.

Ich weiß noch, wie nervös ich bei der Weltmeisterschaft '82 und '86 war. Später besserte sich das, und bei der WM 1990 konnte ich mich mit sehr viel mehr Ruhe auf die Spiele konzentrieren. Japan zählt heute sicherlich zu den drei besten Mannschaften in Asien, es fehlt jedoch an Erfahrungen gegen die starken Teams aus Südamerika und Europa. Man darf bei all dem nicht vergessen, daß die Profiliga eben erst ein Jahr alt ist. Unser Team, JEF-United, konnte in der Rückrunde der ersten Saison leider nicht an die Leistungen der Hinrunde anknüpfen. Die Spieler der anderen Mannschaften hatten bald erkannt, daß unser Spiel vor allem von dem Tschechen Pavel und mir getragen wurde. Sie konzentrierten sich darauf, uns gut abzuschirmen und waren darin auch meist erfolgreich. Wir konnten uns nicht so frei bewegen wie am Beginn der Saison. Die Verletzung des Torwarts und Abwehrschwächen führten zu oft zu Niederlagen in letzter Minute.

Die zweite Spielzeit in Japan begann besser, als die erste geendet hatte. Wir verbrachten ein paar Wochen in einem Trainingslager in Australien, in dem die Mannschaft viel lernte und selbstsicherer wurde.

Die ersten Spiele liefen gut für uns, und wenn wir keine schweren Fehler machen, könnten wir diesmal ganz vorne an der Spitze mitkämpfen.

Zwei Lebenswege trennen sich

Auch mein Privatleben in Japan beruhigte sich, wenn auch meine Familie nicht hier sein konnte. Meine Frau und meine beiden Töchter leben in unserem Haus in Weilerswist, und es ist nicht ausgeschlossen, daß die Ehe, die bald fünfzehn Jahre alle Höhen und Tiefen überstanden hat, nicht mehr lange bestehen wird.

Ich will mich hier selbst nicht falsch darstellen: Ich habe meine Frau kennengelernt, als wir beide sehr jung waren, und ohne sie hätte ich meine Karriere nicht machen können. Aber die Ehefrau eines Fußballers hat es nicht leicht. Es gab Spielzeiten, in denen ich kaum einmal Gelegenheit hatte, nach Hause zu kommen. Der Ruhm und der Erfolg bleibt den Männern, die Frauen sitzen zu Hause und müssen dem Spieler ein gemütliches Heim bieten, wenn er erschöpft von den Spielen zurückkehrt.

Ich wußte, daß es nicht einfach war für meine Frau, aber ich konnte ihr auch keine Alternative anbieten. Ich liebte mein Fußballeben zu sehr, war immer zur Stelle, wenn mich der Trainer oder der Verein rief, und überlegte nie, ob es nicht manchmal besser wäre, einfach zu Hause bei der Familie zu bleiben. Sogar nach der Geburt meiner Tochter fuhr ich sofort wieder ins Trainingslager.

Jetzt, nach fünfzehn Jahren Ehe, halten wir nicht mehr so zueinander wie früher. Jeder erwartet sich etwas anderes vom Leben, und in der letzten Zeit wurde es immer schwieriger, die unterschiedlichen Vorstellungen in Einklang zu bringen.

Daß ausgerechnet jetzt, auf dem Höhepunkt meiner Karriere, die Familie das nicht mit mir gemeinsam erleben kann, tut mir besonders weh. Wenn zwei Menschen wie meine Frau und ich so viele gemeinsame Jahre erlebt haben, ist eine Trennung eine schwere Belastung.

Ich hoffe, man glaubt mir, wenn ich sage, daß ein Leben ohne meine Familie hier in Japan nicht einfach ist. Ich hätte es mir anders gewünscht.

Ich bin meiner Frau dankbar für das, was sie für mich getan hat, und ich weiß, wie schwer es für sie ist, jetzt die Kinder alleine großzuziehen.

Aber ich muß auch akzeptieren, wenn eine Beziehung nicht mehr funktioniert. Und unsere hatte kein Leben mehr, es war nur noch Organisation und Aufgabenteilung. Das übliche Klischee »Man hat sich auseinandergelebt« stimmt in unserem Fall. Wir sind weit voneinander entfernt, und ich hoffe, wir werden die Zeit, die wir miteinander erlebt haben, beide in guter Erinnerung behalten.

Der Fußballer ist oft ein einsamer Mensch, auch wenn er sich nach außen gern gesellig und fröhlich darstellt. Obwohl er ständig in einer Gruppe ist, läßt ihm der eiskalte Konkurrenzkampf keinen Raum für falsche Sentimentalitäten. An niemanden kann er sich mit seinen Sorgen wenden, auf keinen Fall darf er seine physischen Beschwerden mit anderen Spielern besprechen. Jede Schwäche eines Spielers ist die Stärke seines Konkurrenten. Für jeden steht ein Ersatzmann bereit, der nur darauf wartet, daß man wegen einer Erkrankung oder Verletzung ausfällt.

Ich hatte das große Glück, wenigstens drei Freunde zu haben, mit denen ich alles beraten konnte: Thomas Kroth, Wolfgang Rolff und Frank Ordenewitz – ihnen konnte ich alles anvertrauen und wußte, sie würden mich nie im Stich lassen. Sonst war ich immer extrem vorsichtig, sagte beispielsweise nie einem meiner Mitspieler, wenn ich Verletzungsprobleme hatte. So etwas konnte sehr schnell dem Trainer zu Ohren kommen, der einen dann nicht aufstellte.

Das ist auch mit ein Grund, warum ich jetzt hier in Japan so zufrieden bin. Der Konkurrenzkampf ist lange nicht so hart wie in Deutschland, und ich komme etwas zur Ruhe. Ich bin nicht mehr so verbissen, und wenn mich der Trainer auswechselt, dann nehme ich das gelassener hin als früher.

Mein eigenes zukünftiges Leben möchte ich ganz auf Japan konzentrieren. Alles läuft hier so, wie ich es mir erhofft habe; manchmal waren es Träume, die aber inzwischen Wirklichkeit geworden sind. Vielleicht zum erstenmal in meinem Leben mag man mich so, wie ich bin, und erwartet nicht, daß ich in eine Rolle schlüpfe. Ich bin hier glücklich, will diesen Zustand ausdehnen und so lange wie möglich genießen.

Einen großen Anteil an meinem Erfolg hier hat sicher mein Manager Norbert Weiss. Ich habe ihn eigentlich erst kennengelernt, nachdem ich die Vorbereitungen für mein Abschiedsspiel in Köln abgeschlossen hatte. Aber von dem Zeitpunkt an nahm er alles, was Japan anging, in seine Hände, und es klappte wirklich hervorragend.

In den Verhandlungen mit den Japanern konnte ich einen Vorzug an ihm bemerken, den andere auf den ersten Blick vielleicht als Nachteil ansehen würden: Er bleibt immer er selbst, versucht nicht, sich an seine Gesprächspartner anzupassen. Er bemüht sich nicht, in Japan wie ein Japaner aufzutreten und in Deutschland dann wieder wie ein Deutscher. Er verzichtet auf tiefe Verbeugungen und tritt den Japanern mit den Verhandlungsmethoden eines Europäers gegenüber – und ich glaube, in diesem persönlichen, glaubwürdigen Verhalten liegt der Grund für seinen Erfolg. Er hat mir hier jedenfalls alle Wege geebnet, und dafür bin ich ihm sehr dankbar.

Japanische Zukunftsmusik

Fünf Jahre intensiver Vorbereitung hat man in die J-League investiert, im ersten Jahr Einnahmen von mehr als einer Milliarde Dollar erzielt und den Sport im ganzen Land populär gemacht, so populär, daß sogar bei einer Aufführung des traditionellen Kabuki-Theaters die Schauspieler sich in Kimonos einen Ball auf der Bühne zuschoben – und das unter dem Jubel des Publikums.

Alle großen japanischen Unternehmen, von Matsushita bis Sony, von Mitsubishi bis Toyota, haben viel Geld investiert und verwenden den Fußball als Werbeträger. Und die Japaner haben den Fußball als neue, moderne Freizeitgestaltung für sich entdeckt und stürmen die Stadien. Fußball beseitigt, zumindest im Stadion, die Unterschiede zwischen den Menschen. Das heißt hier in Japan, daß die grell bemalte Schülerin neben dem Geschäftsmann im dunkelblauen Anzug sitzt und gleich daneben noch die Familie mit den beiden kleinen Kindern. Die einen beobachten alles gelassen, die anderen johlen und tanzen, und noch wieder andere schließen sich in Gruppen zusammen und bewegen sich nach südamerikanischen Rhythmen.

Fußball ist hier der Hit, das Wort »J-League« wurde 1993 zum Wort des Jahres, und auch das zeigt, wie wichtig man das Spiel nimmt. In kaum einem anderen Land wurde, ohne die eigenen Traditionen völlig aufzugeben, mit den Mitteln modernsten Marketings ein neuer Sport verbreitet, der den Menschen soviel Freude bereitet und auch, bis jetzt noch unmerklich, das Verhalten der Menschen verändert. Daß dabei auch sehr viel Geld im Spiel ist, will ich nicht bestreiten, aber was gibt es schöneres im Leben, als mit Spaß und Spiel auch noch gute Geschäfte zu machen.

Im Idealfall möchte ich noch etwa zwei Jahre spielen und dann versuchen, eine verantwortungsvolle leitende Aufgabe zu übernehmen. Das könnte Verschiedenes sein, in einer Vereinsleitung, im Trainingsbereich oder im Management der Fußballiga.

Alles, was mir Japan heute schenkt, die Bewunderung, die Verehrung und die damit verbundene Freude am Fußball, möchte ich irgendwann einmal zurückgeben. Wenn die Zeit reif ist, möchte ich meine Erfahrungen und Kenntnisse der Fußballwelt in Japan zur Verfügung stellen.

Natürlich gibt es einen Traumberuf, so wie es einen Traumverein und eine Traumposition auf dem Platz für jeden Spieler gibt. Wenn der japanische Fußballverband mir später einmal die sportliche Verantwortung für die Nationalmannschaft übertragen würde, wäre das die höchste Auszeichnung, die ich mir vorstellen könnte. Aber das ist eine Wunschphantasie, die in die Zukunft geht, und bis dahin möchte ich den Fans noch viele schöne Spiele liefern und mit meiner Mannschaft einmal die Meisterschaft erreichen.

Japan ist heute schon so etwas wie eine Heimat für mich geworden, nicht nur wegen des Fußballs. Ich kenne Tokio inzwischen sehr gut, ich gehe gerne durch diese Millionenstadt, liebe die großen Einkaufszentren, die Kinos, die Restaurants und laufe durch die Straßen, als ob ich schon seit Jahren hier leben würde. Meine Sprachkenntnisse werden langsam besser, und in wenigen Monaten kann ich wahrscheinlich bereits Interviews auf Japanisch geben. Die perfekte Organisation der Japaner und die menschliche Wärme, mit der ich hier aufgenommen worden bin, sind eine verführerische Kombination, die einen fast zum Hierbleiben »zwingt«.

Ich möchte nichts vergleichen und bewerten. Ob nun Deutschland besser ist oder Japan, die Deutschen freundlicher oder die Japaner. Ich kann immer nur von meinen persönlichen Erfahrungen sprechen, und die haben mir den Neubeginn in diesem Land so einfach und angenehm gemacht. Und wer möchte schon eine Phase in seinem Leben einfach beenden, in der er sich glücklich fühlt wie selten zuvor?

Bildnachweis

Bohm: S. 64

Bongarts: S. 179, 281, 284 (o.)

dpa: S. 55, 71, 83, 89, 101, 106, 118, 120, 135, 160, 176, 187, 192 (u.),
260, 267

Hartmann: S. 98

Hartung: S. 50

Horstmüller: S. 74

L. Perenyi: S. 232

Pfeil: S. 59, 80, 108, 144, 198, 202

A. Pohl: S. 110, 142, 147, 170, 189, 192 (o), 214, 226, 238 (o), 238 (u.),
240 (o.), 240 (u.), 246

Schirner: S. 212

N. Schmidt: S. 151

S. Simon: S. 172

N. Weiss: S. 18, 25, 29, 41, 67, 86, 123, 126, 150, 236, 249, 276,
284 (u.)

Werek: S. 92